This Book Offers Free Bonus Puzzles

Available Here:

BestActivityBooks.com/WSBONUS20

5 TIPS TO START!

1) HOW TO SOLVE

The Puzzles are in a Classic Format:

- · Words are hidden without breaks (no spaces, dashes, ...)
- · Orientation: Forward & Backward, Up & Down or in Diagonal (can be in both directions)
- · Words can overlap or cross each other

2) LEVEL UP THE GAME!

A space is provided next to each word to write new ones, translations or notes. We also offer a convenient **NOTEBOOK** at the end of this edition. It can help you organize your annotations, new words and/or observations.

3) TAG YOUR WORDS

Have you tried using a tag system? For example, you could mark the words which have been difficult to find with a cross, the ones you loved with a star, new words with a triangle, rare words with a diamond and so on...

4) EASY TO CUT!

The Puzzles come with an Extra Large margin to easily cut the page out of the book. Some people may feel it more convenient to solve them this way.

5) FINISHED?

Go to the bonus section: **MONSTER CHALLENGE** to find a free game offered at the end of this edition!

Want **more fun** and activities to **relax? It's Fast and Simple!** An entire Game Book Collection **just one click away!**

Find your next challenge at:

BestActivityBooks.com/MyNextWordSearch

Ready, Set... Go!

Did you know there are around 7,000 different languages in the world? Words are precious.

We love languages and have been working hard to make the highest quality books for you. Our ingredients?

One part easy-to-read print, three parts entertainment, then we add some challenging words and a pinch of rare ones. We brew them with care to serve you lots of fun and an opportunity to solve the best puzzles.

Your feedback is essential. You can be an active participant in the success of this book by leaving us a review. Tell us what you liked most in this edition!

Here is a short link which will take you to your Amazon orders review page.

BestBooksActivity.com/Review50

Thanks for your fidelity and enjoy the Game!

Delta Classics Team

Puzzle 1

保试眼举秘撞乃自父性释摇增自间
本落想素延项摇股远喜自洋村最觉
生物远凑，直到升摇释项究区降子票
机充蛾放乐坠记恐梳子静乃降袋说
情面保高亲清存梳马本性诉下迟
介质查趣泽洁间究稻栏亲觉伏票不
生租落桥诺幸焕镜要必票疲坠
木草存动理丁子惧环须桌恐
村增快面解事坠黄觉回不上
驴入信乐保反子真。家他衡
充进驱通菠存映私便磨带人类
查展有了先菜情星好趣携看脏
焕情落苦管行礼吗身 > 心碎
约况碰滑尽情的士股真便趣带心类

进展情况	反映
恐怖	生物
介质	尽管
心脏	洋葱
，直到	进入
好吗	清洁
必须	黄金
存在	本性
诉说	回家
菠菜	行星

Puzzle 2

一 天 晚 上 不 踏 亲 香 余 能 醒 由 于 看 到
复 生 子 搬 规 板 马 电 骄 惨 落 察 趣 梁 野
态 度 香 则 则 车 电 在 整 个 出 村 书 的 异
要 的 镜 菜 增 真 克 伊 快 滑 支 转 释 平 常
研 远 然 增 真 柔 的 。 考 增 保 情 落 亮 间
苦 醒 木 幸 人 萝 觉 根 源 秘 安 显 持 泽 坠
桥 瑞 直 面 闲 卜 怠 类 旋 肉 衡 著 续 怖 损
下 惫 鱿 热 得 蠕 动 源 苦 衡 人 亲 时 诺 马
决 最 填 蠕 答 通 况 高 请 初 图 行 间 上 介
露 延 最 源 父 长 请 镜 优 肢 级 树 安 复 诺
类 摇 源 延 释 周 远 透 填 股 规 怖 政 己 机
考 毁 延 好 自 想 优 填 马 错 乎 有 通 不 权
最 飞 好 灵 肉 礼 秘 噪 伊 保 本 地 地 态 顶
露 恐 灵 木 木 保 研 了 研 他 虎 四 修
典

保持
香菜
萝卜
踏板车
搬上
初级
一天晚上
由于
鱿鱼
支出

液位
持续时间
看到
在整个
周长
异常
显著
行政
不规则
态度

Puzzle 3

究 情 桥 疲 况 底 安 究 衫 诺 遥 研 填 瑞 高
吓 得 心 适 望 论 类 护 研 下 四 典 光 年 保
乐 摇 衡 貌 度 文 高 坠 心 碰 复 见 心 顶 雨
便 紧 人 真 好 ！ 情 因 分 举 面 况 权 演 肢
后 从 平 有 狮 察 宜 诺 毁 行 之 高 员 身 几
最 机 的 先 情 子 主 面 视 升 本 自 身 员 野
研 从 住 邀 肉 碰 母 快 木 近 排 察 电 的 毁
远 亲 飞 岛 屿 桥 鸡 身 家 具 分 余 眼 肉 脑
自 子 规 护 英 回 寸 记 寻 找 配 题 克 票 迟
桥 树 快 撞 考 摇 释 子 理 顶 主 露 转 猫 复
睛 过 电 放 区 乐 察 身 了 豆 复 摇 木 蔻 可
眼 遥 自 情 月 球 出 亲 梁 亮 间 。 稻 规 能
的 伏 噪 最 肉 蛾 携 领 摇 研 虑 面 存 灵 桌
有 猫 破 撞 梳 选 衬 理 坠 规 理 存 面 理 回

真好！
主题
英寸
狮子
论文
家具
居住
分配
寻找
吓得

岛屿
可能
母鸡
电脑
绅士
演员
的眼睛
的猫
适度
月球

Puzzle 4

成 近 冷 静 > 露 摇 他 栏 基 出 围 巾 虑 娱
人 降 雨 量 香 不 素 静 香 冒 撤 湿 ， 很 好
梳 出 中 撞 马 想 机 中 蔻 撞 气 因 程 的
型 肢 请 因 祖 马 遥 伏 条 恢 股 为 察 龄
不 类 他 恐 惊 裙 子 惊 研 驴 面 回 许 信 日
平 子 不 定 机 投 貌 研 的 年 存 近 称 最
有 吸 引 力 明 白 遥 机 解 发 情 重 恢
貓 基 回 旋 > 栗 马 娱 旋 议 况 滑 他 有 看
下 源 秀 约 肥 持 况 区 破 从 思 滑 人 肉
人 主 从 煲 村 的 热 野 类 高 选 本 礼 而 摇
伏 疲 面 平 携 平 鸡 尾 酒 查 瑞 乐 日 露
惧 决 饭 带 通 马 私 状 音 解 趣 水
放 延 升 之 焕 自 定 年 鲸 预 苦 差 邮 号
部 通 区 摇 余 恢 闲 乎 基 最 重 期 事 试

降雨量
苦差事
成人
冒出
，因为
鸡尾酒
称重
冷静
有吸引力
投资

撤出
鲸鱼
露水
湿气
明白
预期
邮差
围巾
很好
裙子

Puzzle 5

人 考 梁 考 毁 人 特 沉 规 栗 余 区 记 煲 间
自 地 通 野 蔬 保 典 默 醒 研 也 柔 加 试 素 四
错 貓 知 鸡 菜 典 乎 带 蜗 本 则 磨 真 本 书 书
顶 部 胶 人 欲 区 号 老 高 复 素 自 人 运 乐 热
理 愿 景 项 惊 研 数 觉 灵 欲 类 摇 然 己 近 近
眉 的 政 治 创 典 鸡 类 建 因 桥 从 飞 优 虎
皂 的 ＞ ＞ 造 火 精 租 肉 之 于 落 秀 权 信
水 傲 想 区 修 思 矿 选 择 学 喜 欢 衡 请 遥
余 数 动 量 优 纠 考 也 素 生 记 乐 记 自 他
领 保 思 子 自 结 复 类 自 菠 情 丁 从 以 焕
恐 介 伊 磨 图 有 礼 租 携 灵 萝 规 此 足 恢
降 迟 热 驴 肉 热 出 活 不 要 图 袋 ！ 远 镜
几 号 趣 衬 高 出 惊 票 有 人 选 煲 以 心 摇
规 部 乃 的 类 遇 活 因 况

余 数
顶 部
自 然
愿 景
火 鸡
野 鸡
此 事
足 以
菠 萝
创 造

学 生
精 矿
的 政治
蔬 菜
沉 默
喜 欢
蜗 牛
选 择
纠 结
通 知

Puzzle 6

老 子 选 苦 艺 术 分 昂 贵 间 得 父 貌 了 的
了 栏 乐 复 面 光 坠 惨 权 > 虫 遇 有 色 们 他
查 透 本 趣 理 惊 入 他 不 觉 绍 循 六 蛾 醋 音 书
面 项 肉 己 有 雨 加 水 充 于 决 颜 独 立 深 的
重 蔻 数 日 情 究 能 图 几 举 五 克 分 浅 子 面 约
胶 使 书 肢 底 遥 卧 室 行 蔻 自 凑 浅 子 人 遥
储 命 请 租 亲 销 高 的 便 望 性 怖 想
备 栗 子 趣 状 秘 售 繁 分 摇 滑 祖 股 龄 的
素 填 决 状 娱 衫 填 日 礼 趣 分 护 项 部
直 撞 梳 部 议 频 程 饭 肉 不 性 光 肥
情 解 选 。 来 毁 坠 > 来 充 > 平 露 的
先 克 记 底 保 条 安 露 举 摇 建 的 部
眼 请 羊 得 重 存 > 排 填 绍 摇 梳 露 肥
过 于 马 本 安 车 心 紧 人 木 建 的 面
毛 欺 欢 落 填 中 梳
年 骗 镜 之 赂 人 遥 分

日程安排   的深浅
保存   五颜六色的
储备   独立的
艺术   羊毛
加入   坠入
销售   昂贵
卧室   使命
频繁的   栗子
欢迎   他们的
欺骗   形状

Puzzle 7

温	宣	领	世	不	复	从	毁	衬	定	音	动	。	足	平
柔	告	番	界	衬	人	本	雨	程	标	错	己	饭	最	球
煲	栅	茄	子	桥	豆	焕	醋	安	尺	凑	伊	儿	心	
典	白	虫	幸	梳	木	根	欲	亲	从	项	指	童	存	
不	色	信	！	秘	趣	肢	奉	蔻	欲	望	望	生	了	
热	惫	打	下	信	考	视	性	面	护	护	子	私	下	
欲	木	加	究	增	真	型	摇	携	持	宜	心	排	疲	
不	存	行	行	而	真	状	态	权	修	美	明	饭	便	
股	出	号	皂	先	解	>	赂	地	释	国	质	危	机	
傲	落	况	选	欲	转	观	答	满	足	究	欲	最	趣	
有	平	心	权	望	望	行	复	车	好	逐	见	情	介	
口	貓	本	面	惫	热	本	自	最	追	视	惧	滑	亲	
降	迟	型	人	绍	解	想	定	稳	惧	保	秘	雨	秀	
情	远	建	祖	喜	根	噪	研	怖	有	信	人	娱	远	
								驴	底	选		定	重	

打下
奉献
状态
答复
儿童
说明
指望
物质
宣告
危机

存球
生茄
足柔
番国
温色
美界
白尺
世足
标逐
满
追

Puzzle 8

票	条	毁	主	过	租	了	惧	关	键	视	口	复	亲	乐	蛾
型	小	猫	的	阶	段	摇	部	息	的	票	介	特	远	租	蛾
修	摇	的	过	段	野	毁	心	凑	乐	水	面	保	安	类	乃
醋	解	究	租	有	填	疲	书	梁	已	乐	最	素	凑	乃	栅
根	怖	村	回	升	灵	伊	最	察	经	事	见	解	绍	栅	胶
资	回	余	西	惧	花	户	典	情	想	差	因	完	全	胶	桌
约	源	木	不	兰	鳍	外	息	持	香	先	理	丁	色	桌	醋
大	部	分	重	克	主	衬	摇	填	顶	邦	得	修	破	醋	惨
居	民	木	复	觉	研	转	控	制	联	带	荣	棕	基	惨	过
余	吸	型	使	雨	增	便	摇	的	约	光	飞	典	豆	过	望
灵	血	趣	用	程	护	旋	篮	休	热	页	状	型	远	望	的
>	鬼	高	子	护	他	转	优	不	中	央	思	来	远	的	醒
特	过	栅	底	请	过	人	动	肥	旋	不	落	看	碎	醒	
貌	活	他	回	客	便	护	泽	先	介	特	透	碎	想		
				高	日										

联邦
重复使用
棕色
典型
户外
吸血鬼
请客
光荣
控制
完全

关键
的阶段
西兰花
大部分
资源
居民
小猫篮
摇中央
已经

Puzzle 9

许 条 皂 日 便 士 ， 而 平 典 闲 自 通 然 撞
信 热 胶 最 栅 通 虎 邀 信 电 肢 特 理 子 马
社 望 运 雪 要 类 梳 动 信 释 望 远 望 士 领
数 镜 栅 磨 先 马 标 复 醒 请 使 用 集 子 煲
遥 心 的 最 情 生 增 木 心 护 疲 皂 然 合 稻
动 仍 然 后 老 考 况 得 不 静 遥 自 然 保 活
便 祖 量 情 便 几 老 演 不 亲 自 重 马 最 人
部 坠 四 分 之 自 降 情 滑 欲 静 息 视 想 的
图 片 类 不 命 一 好 心 亮 亲 约 图 他 领 惊
人 赢 究 任 他 下 了 破 ！ 蛾 复 坠 想 了 宜
双 观 典 爱 滑 程 柔 鳍 惨 约 远 试 领 形 然
介 心 马 心 测 虑 坠 错 欲 远 计 花 了 势 碰
法 律 建 不 干 量 的 保 骄 温 度 麻 放 形 木
娱 栗 便 虫 能 环 定 蠢 约 磨 自 烦 携 放 势

词语列表

四分之一
使用
花了
爱心
，而
愚蠢的
温度计
法律
集合
麻烦

双赢
演
不
干燥的
最后
测量
形势
任命
标准
图片
仍然

```
稳 心 不 究 桌 口 击 心 快 最 喜 理 的 梦 想
表 现 出 源 自 人 剑 怖 乐 充 蝙 的 乐 惫 的
平 便 基 得 建 口 条 水 遇 源 蝠 蝠 疲 提 疲
思 乃 解 拉 重 。 号 源 记 股 图 鳍 树 交 也
他 伏 几 高 摇 考 野 香 药 柔 衡 惊 于 的 人
香 碎 行 想 醋 通 看 有 恐 品 修 得 有 底 的
苦 增 思 承 平 程 人 有 于 觉 根 遥 醒 破 动
坠 根 光 认 心 考 怖 了 忘 面 的 根 己 袖 滑
他 高 便 放 养 本 每 天 提 特 噪 梳 子 欲 袋
重 雨 行 的 部 滑 循 露 供 地 恐 的 坠 的 规
本 察 而 野 木 远 覆 丁 心 绍 自 本 私 余 过
蛾 答 排 亮 升 几 盖 权 过 自 平 皂 毁 士 优
野 升 亮 医 疗 遇 见 暴 袖 租 ＞ 木 几 优 的
桥 老 参 加 部 权 乐 躁 领 驴 傲 直 。 事 的
```

遇见	参加
疲惫的	承认
梳子	医疗
覆盖	拉
药品	放
击剑	忘了
表现出	蝙蝠
提交	快乐
提供	的梦想
每天	暴躁

Puzzle 11

増 则 皂 回 傲 饭 下 的 祖 加 小 编 造 煲 特
安 闲 介 眼 傲 驱 鳍 乃 音 分 桌 时 修 摇 察
底 项 趣 木 况 祖 乃 余 量 发 面 马 驱 肉 最
望 眉 苦 雨 滑 携 树 木 乃 坠 护 年 。 查 根
里 行 环 远 的 不 增 信 议 望 眉 蚊 摇 滑 衬
特 雨 球 远 自 虎 欲 心 傲 肉 子 究 对 数 叔
神 恢 桌 梳 察 驱 热 衫 量 栗 然 图 水 露 叔
秘 复 携 袋 不 > 重 选 坠 栏 理 情 木 外 词
剧 院 发 片 无 形 能 摇 填 人 蠕 乎 解 说 察
醋 木 况 段 紧 父 力 搞 笑 举 倍 的 相 情 优
情 肢 解 亲 错 私 究 行 飞 远 源 信 错 转
票 爷 发 貌 车 信 然 雨 落 间 欲 修 公
豆 爷 况 余 静 幸 的 乐 理 克 优 诺 鸡
部 宜 解 子 栗 研 娱 而 复 木 转 试 马 降

恢复
解说词
神秘
片段
分发
爷爷
环球
公鸡
叔叔
小时

剧院
搞笑
蚊子
无形
相信
，对外
能力
编造
音量
远远

Puzzle 12

袋	后	父	的	于	情	！	驯	蚂	滑	加	便	填	不	究
决	心	野	牛	要	解	雇	鹿	蚁	觉	快	特	除	起	事
搜	下	电	重	不	够	私	租	衡	本	老	清	真	眼	的
索	中	热	之	马	欲	>	票	里	恐	心	车	的	的	想
生	心	行	年	便	迟	蛾	，	伊	充	再	雨	发	定	生
远	持	迟	素	回	碰	余	包	降	基	恐	次	伏	数	坠
肥	考	错	有	增	野	军	括	秀	梁	欲	典	虎	中	记
项	了	自	有	他	鳍	方	快	香	透	出	定	出	静	父
自	条	摇	环	虑	衬	摇	考	出	马	定	野	别	人	
野	最	条	灭	运	车	接	到	飞	滑	趣	豆	过	驱	
乐	便	顶	绝	行	毁	程	持	观	重	凑	雨	行	旅	
柔	比	较	自	地	秘	延	闲	滑	秀	凑	存	己	行	
部	素	的	骄	考	解	源	源	坠	护	余	雨	休	车	
野	的	动	惊	简	化	基	部	驴	情	票	领	股	观	

旅行车   接到

野牛   搜索

灭绝   比较

重要   的自行车

别人   不够

军方   蚂蚁

简化   中心

解雇   ，包括

再次   不起眼的

驯鹿   清除

Puzzle 13

```
视 遇 维 > 留 下 安 后 人 先 项 貌 惫 页 诺
下 子 生 ！ 栅 栗 遇 况 高 鳍 目 判 决 情 出
底 梳 素 修 主 书 则 记 遥 顶 携 真 年 稳 坠
警 遥 通 环 遥 差 车 的 阔 广 士 领 然 顶 透
察 具 有 醋 源 音 毁 我 电 醒 有 而 露 材 栗
节 省 动 规 面 虎 便 闲 放 木 灵 的 煲 栏 村
傲 地 的 复 幸 有 最 信 加 书 基 复 耗 采 袖
灵 于 焕 平 乐 伏 股 余 运 稻 骄 滑 材 根 乐
根 性 学 得 延 占 据 远 输 眼 衡 社 规 热 傲
撞 部 会 修 自 他 回 复 老 光 旋 会 栏 升 袖
活 凑 父 的 安 全 通 放 师 裤 子 的 采 亲
领 释 本 生 有 存 底 基 延 马 口 人 根 购
迟 镜 欲 惊 运 里 倍 望 电 举 升 重 热 热
介 乃 放 后 乐 不 好 况 > 约 也 高 几 升 领
```

的采购
忘记
维生素
警察
判决
具有省
节
我的
广阔的
学会

安全
的紧急
占据下
留老师耗
项子
裤输
运社会

Puzzle 14

```
子 复 乐 的 警 告 步 排 从 豆 电 况 高 答 保
优 人 稳 图 究 紧 行 快 跑 惨 复 电 人 看 貓 磨
高 的 觉 运 高 张 生 地 转 自 静 摇 情 怖 三 礼
落 察 典 机 之 快 子 保 露 真 沙 漠 蔻 明 治 倍 特
恐 摇 记 雨 前 伏 见 ＞ 碎 有 草 喜 袋 权 栗 柔 坠
组 过 ！ 驱 得 视 欲 议 情 能 轨 道 号 页 飞 情
织 惨 何 滑 伴 分 考 重 转 股 余 均 面 携 的 不
来 任 人 同 自 娱 选 充 见 龄 平 活 权 乃 衬 伊
的 露 眼 保 思 饭 运 复 情 各 诺 宜 雪 摇 部 热
净 信 宝 贝 儿 分 自 类 虫 大 坠 雪 貂 损 老 高
干 生 水 平 袋 人 号 惨 动 倍 倍 快 滑 错
然 了 稳 状 滑 于 介 袋 升 记 子 包
透 即 观 肢 泽 稻 释 煲 查 西 书
信 时 最 便 梁 栏 租 ！ 面 瓜
```

鳍状肢
的警告
西瓜
快跑
宝贝儿
同伴
即时
各大
紧张
步行

沙漠
三明治
的任何
平均
之前
书包
雪貂
组织
干净的
轨道

Puzzle 15

充	野	紧	平	乐	于	菊	动	携	口	循	栏	蛾	稻	不
袖	里	议	煲	下	怖	花	破	车	类	行	小	近	加	驴
试	况	瑞	肉	丁	讶	计	算	惨	遇	运	苍	答	电	音
面	宏	伟	的	惊	他	蠕	情	趣	有	灵	兰	透	宜	醒
发	生	亲	活	她	之	循	而	恐	要	迟	错	增	典	紧
紧	凑	从	灵	转	好	便	龄	建	落	转	他	遇	书	高
坠	树	莓	豆	保	摇	低	坚	落	恐	龄	消	页	机	近
不	武	器	保	趣	区	惨	果	自	不	因	失	几	研	研
答	见	遥	保	约	惨	了	柔	秘	底	趣	差	望	磨	磨
虫	欲	不	请	快	察	柔	里	马	音	不	试	镜	趣	趣
亲	疲	项	摇	恐	邀	里	狼	便	不	闲	灵	修	息	息
举	自	源	心	定	黄	狼	亲	存	远	热	虫	旋	信	信
瞳	怖	头	部	惨	记	里	理	不	运	趣	本	曲	马	马
面	孔	上	惨	携	电	回	近	心	他	近	卷	股		

惨了
树莓
源头上
低
惊讶
她的
武器
计算
菊花
紧凑

卷曲
试镜
发生
消失
黄鼠狼
小苍兰
宏伟的
灵活的
瞳孔
坚果

Puzzle 16

号 信 循 蔻 怖 伏 。 橡 肢 远 蠕 号 项 保 他
损 ＞ 己 息 虎 幸 添 胶 肉 惨 貓 肉 光 喜 典
号 见 摇 袋 雨 研 加 有 本 梁 约 胶 活 的 镜
豆 人 树 高 信 皂 本 见 惫 查 下 放 能 行 页
栗 真 于 修 村 情 醋 咖 飞 先 乎 技 面 为 最
视 饭 的 思 信 研 面 动 啡 则 栏 煲 真 乐 觉
动 行 规 寻 了 则 研 请 近 中 区 根 也 约 喜
功 能 视 图 求 草 时 余 回 袖 差 地 许 身 奇
雨 情 人 幸 存 虎 钟 尔 介 票 监 面 摇 好 的
恢 遇 加 礼 请 骄 威 恐 音 眉 狱 虎 米 优 范
生 闲 摇 保 答 醋 觉 瑞 动 音 亲 玉 之 请 围
水 心 破 最 损 绍 特 真 究 充 苦 米 胶 瑞 稳
芹 骄 香 释 眉 的 图 惫 惫 充 煲 出 胶 常 见
健 康 野 自 眉 的 摇 黑 暗 充 灵 通 见 身 见

视图　　　　　功能
也许　　　　　寻求
的范围　　　　咖啡
健康　　　　　水芹
好奇　　　　　黑暗
威尔　　　　　添加
橡胶　　　　　的行为
技能　　　　　监狱
玉米　　　　　时钟
ç放　　　　　　常见

Puzzle 17

好 破 上 得 便 修 貓 丁 有 葵 衬 保 举 灵 衫
的 坏 数 迟 克 动 带 惊 的 海 湾 留 高 傲 高
眼 幸 而 降 克 木 远 马 最 好 伊 排 过 服 于
复 貓 龄 近 则 解 三 分 之 一 皂 醋 选 从 礼
肉 的 静 鳍 后 休 坠 镜 焕 既 不 栗 子 增 后
源 人 特 伊 撞 地 营 账 会 员 委 特 马 蔻 复
答 地 票 解 貓 建 养 思 户 工 热 人 热 镜 远
闲 主 棉 举 页 四 物 远 ﹥ 的 见 紧 间 雨 真
的 伊 花 阴 见 灵 质 运 高 带 修 人 镜 克 克
记 量 镜 稳 雨 桥 觉 地 答 项 坠 看 租 余 规
双 方 过 梳 村 秘 豆 肉 磨 澡 飞 露 保 的 露
镜 降 丁 自 面 分 制 洗 严 惊 试 条 欲 蔻 蔻
稳 旋 记 放 怖 动 作 考 肃 介 高 分 有 克 克
机 动 皂 人 于 他 护 喜 遇 ！ 磨 眼 自 充 桌

醋栗
高于
保留
营养物质
棉花
制作
营地
员工的
账户
双方

的海湾
三分之一
既不
洗澡
委员会
海葵
阴雨
服从
破坏
严肃

Puzzle 18

有	落	工	本	出	村	落	保	修	加	人	人	骄	状	图
椭	圆	人	项	究	带	村	顶	察	敌	撞	愤	坠	醋	降
的	邀	子	程	有	四	十	教	会	选	快	怒	雨	量	。
议	恢	智	慧	惨	车	丁	中	肥	便	释	栏	考	碎	
梳	有	眼	荒	马	下	心	运	傲	况	肢	泽	克	>	口
豆	定	考	野	的	一	移	父	肉	好	记	热	信	他	己
胶	股	摇	研	衫	秘	栏	日	票	定	威	胁	使	用	的
过	过	带	条	摇	约	次	运	己	保	余	地	喜	飞	虫
息	有	度	己	部	恐	性	本	的	欲	情	行	肥	书	然
车	查	分	。	里	泽	看	趣	豆	类	音	欲	父	袖	也
心	木	数	自	父	旋	规	的	四	眼	>	损	滑	本	
疲	从	落	衡	排	趣	定	衫	不	解	雪	间	剪	野	
高	只	是	梳	滑	桥	根	真	运	充	木	柱	刀	上	
香	肠	虑	子	驴	马	鳍	研	复	归	醋	冰	倍		

条约
使用的
椭圆
香肠
愤怒
复归
冰柱
剪刀
威胁
荒野

只是
敌人
教会
度分数
工人
的一次性
智慧
四十
雨量
下移

Puzzle 19

护	高	不	介	静	光	有	人	刀	子	例	胶	状	间	差
远	桥	碎	况	坠	学	看	票	伤	小	放	也	趣	惧	落
赂	亮	口	金	邀	术	过	克	害	速	美	机	噪	护	摇
亲	人	夫	额	马	便	热	遥	遥	度	味	栏	焕	>	自
优	人	察	则	快	伊	息	生	幸	迟	木	想	飞	碎	底
安	觉	摇	四	素	票	医	见	便	护	平	解	信	闲	泽
充	龄	了	野	凑	龄	有	信	拼	雪	焕	得	情	于	心
坠	情	高	理	素	究	快	用	写	橇	保	私	摇	过	运
蠕	放	动	携	区	雪	间	袋	的	惫	分	么	己	况	顶
消	镜	乐	落	也	遥	特	皂	虫	稳	次	要	平	疲	衫
防	举	木	要	碎	凑	联	接	撞	固	动	赂	携	他	考
员	柔	惧	答	真	欲	回	优	领	带	木	心	桌	噪	碎
存	木	老	面	便	摇	书	高	飞	木	子	>	排	马	栗
余	滑	好	便	便	遥	野	眉	试	亲	后	通	增	过	木

夫人
稳固
金额
刀子
拼写
有用的
学术
小子
次要
医生

消防员
雪橇
美味
速度
领带
人口
联接
伤害
要么
例子

Puzzle 20

热	碎	的	解	于	存	惨	电	年	号	！	先	国	通	页	发
秘	！	野	决	木	要	面	镜	望	巨	大	防	明	赂	天	最
私	诺	心	方	宝	热	桥	错	差	滑	降	泰	邀	绪	运	气
子	解	今	案	贝	蔻	包	的	伏	动	欲	迪	绪	情	摇	租
胶	然	天	得	摇	建	出	祖	桌	身	水	熊	迟	心	父	最
惊	子	于	便	摇	类	状	摇	则	复	发	倍	复	乐	最	职
！	商	业	马	雨	了	最	幸	子	面	洗	爱	放	类	职	责
肉	源	镜	基	焦	橱	柜	主	年	的	的	细	过	四	责	乎
露	高	了	烧	发	惧	惧	伏	飞	便	镜	复	绍	泽	乎	看
因	书	！	遥	远	环	老	马	桌	坠	蔻	肥	肥	解		
马	租	稻	也	快	老	怖	镜	磨	镜	升	升	素			
的	镜	遥	坠	日	发	惨	降	增	紧	马	亲	试			
想	信	介	稻	环	摇	察	息	士	充	蔻	理				
袖	情		士	想	恐	页	撞	书	来	情	滑				

职责
的爱情
国防
情绪
橱柜
解决方案
最幸福
商业
宝贝
面包

明天
巨大
细心
泰迪熊
烧焦了
运气
的洗发水
今天
构想
的野心

Puzzle 21

请	记	后	能	部	排	行	研	公	碎	视	醋	惫	便	心
趣	思	思	察	最	撞	马	克	司	肥	衡	复	书	研	能
野	量	恢	！	肉	充	倍	循	柔	子	摇	票	分	绍	图
人	源	趣	周	近	趣	图	骄	加	现	实	余	书	栏	己
定	复	盖	边	书	回	介	量	柔	根	情	恐	煲	特	父
的	苦	喜	事	上	改	伏	记	木	行	娱	男	孩	遥	噪
地	克	光	衬	复	善	标	面	父	典	差	己	真	最	热
方	蟾	蜍	遇	亲	余	规	面	活	的	建	马	的	疲	也
于	>	征	不	私	条	怖	则	情	型	持	释	性	远	复
丁	特	活	了	漂	息	的	基	本	稻	坠	马	马	查	骄
的	智	明	越	漂	亮	马	究	木	回	常	用	的	的	程
遇	于	雪	惊	露	生	则	源	的	真	书	放	爆	自	泽
人	情	光	特	高	增	基	典	损	了	结	发	摇	举	觉
的	任	何	人	太	阳	中	分	克	查	亲	论	基	乐	觉

规则	现实
了解	太阳
基本	任何人
越漂亮	男孩
的特征	改善
爆发	周边
标记	的地方
公司	结论
复盖	明智的
常用的	蟾蜍

Puzzle 22

身	则	结	镜	父	木	丁	！	的	谈	遥	宜	损	素	虫
的	噪	息	构	恐	几	草	羞	年	到	了	突	热	人	高
件	议	不	驴	旋	醒	害	鳍	每	情	身	然	评	噪	虑
邮	递	员	的	解	理	便	礼	滑	坠	模	式	注	视	能
惊	衬	栅	袖	罗	宾	斯	滑	鳍	考	生	己	定	父	决
热	信	租	村	喜	介	信	通	蠕	真	野	的	中	稻	瑞
滑	程	趣	便	休	统	眼	票	龄	惨	视	息	再	保
接	礼	服	军	队	治	则	碰	研	磨	便	傲	见	便
护	触	考	貓	记	摇	栏	解	摇	存	露	宜	伏	的
出	约	伏	村	音	电	答	摇	便	眉	息	袖	木	乎
四	坠	周	泽	心	私	不	院	从	举	骄	木	紧	水
地	栏	年	通	四	社	口	子	来	梳	宜	模	洪	规
分	举	纪	根	倍	通	里	己	噪	加	发	仿	皂	远
欲	人	念	也	也	心	好	木	因	人	间	咨	自	高	心

礼服
院子里
害羞的
模仿
模式
突然
谈到
评注
再见
军队

罗宾斯
接触
每年的
周年纪念
洪水
结构
统治
咨询
邮件
邮递员

Puzzle 23

手	生	气	升	法	庭	幸	日	便	赂	约	地	摇	解	自
动	镜	蛾	理	票	树	打	增	关	忠	诚	葵	花	子	男
妖	滑	旋	观	建	活	招	过	于	伏	过	桌	亲	修	考
精	高	苦	磨	回	喜	呼	底	本	马	甚	至	主	底	恐
本	解	觉	衡	娱	放	部	复	发	不	为	绍	情	镜	子
镜	重	滑	解	理	乃	饭	优	错	肉	什	私	决	特	香
型	信	滑	保	面	升	日	自	伊	了	么	邀	肉	醋	情
世	举	力	量	输	昨	口	本	肉	大	本	身	法	直	喜
马	纪	四	传	总	裁	则	滑	桂	约	带	条	院	静	衫
介	肢	释	木	解	优	野	水	木	伏	宜	真	真	本	想
老	碎	错	衡	图	规	车	望	余	静	基	数	马	飞	乐
情	差	旋	号	热	了	邀	>	高	特	年	摇	遥	欲	栅
约	摇	貌	信	考	票	撞	活	重	便	邀	决	了	看	身
泽	他	特	建	高	填	撞	树	瑞	惧	信	理	循	本	

本身
传输
忠诚
关于
总裁
手动
大约
妖精
打招呼
葵花子

为什么
法庭
男子
力量
生气
甚至
法院
昨世
肉桂

香	宜	关	疲	能	研	趣	远	音	摇	研	旅	水	的	察
满	意	惊	系	看	生	栗	中	后	鳍	本	程	眼	观	租
煲	木	护	旅	费	眼	根	煲	信	得	亮	，	恐	一	介
民	俗	播	放	况	看	看	胶	根	保	，	她	坠	请	步
团	队	最	煲	滑	量	士	肉	上	雨	股	恐	惊	电	亲
间	主	礼	差	马	旋	灵	高	量	充	发	桥	自	差	的
碰	租	梳	碰	不	因	诺	惨	娱	特	程	亮	遇	社	感
事	他	热	眼	行	管	透	伊	觉	的	马	面	平	服	觉
记	碎	的	的	于	理	木	蔻	主	克	部	冲	突	务	型
身	醒	心	试	保	器	主	他	觉	放	高	信	泽	好	电
驱	乎	信	保	邀	建	乃	于	瑞	试	分	皂	惊	加	貌
特	衬	约	镜	书	乃	人	得	到	了	他	诺	中	热	回
欲	乐	愿	远	想	遇	醒	面	然	蛾	己	日	梁	子	梁
差	释	愿	望	绝	发	乎	错	最	议	煲	热	电	心	苦

观察
他自己
望远镜
得到了
团队
愿望
的感觉
，她
关系
冲突

民俗
管理器
播放
终于望程
绝旅务
服意一步
满
一旅费

Puzzle 25

动 机 龄 远 降 村 而 泽 梳 惧 车 驱 迟 坠 有
肉 行 究 摇 顶 信 扁 镜 肢 心 约 平 源 饭 护 的
乐 怖 平 便 喜 喜 平 升 人 程 乎 不 介 考 子 袖
条 碎 便 诺 眼 之 填 人 邀 心 然 基 袖 填 袖 >
衡 虑 亲 察 本 摇 需 木 于 乎 转 肢 有 则 坠
的 。 重 出 降 心 滑 要 状 乃 画 号 租 恐 护
身 下 量 数 想 秘 属 有 安 笔 不 定 恐 事
惧 周 页 起 靠 秘 股 排 于 参 直 动 紧 的
选 末 乃 靠 近 型 柔 人 状 与 决 随 减 灵 肥
衡 复 貓 近 分 有 地 服 有 者 理 身 少 减 底
> 肉 便 持 最 疲 休 说 惧 乃 典 携 光 惫
建 衬 外 眼 面 平 雪 光 人 状 带 诺 素
行 己 眼 填 地 热 一 说 服 开 保 动 行
便 坠 填 的 情 个 心 口 始 疲 信 不

木乃伊
热情
引起
地面
不稳定
重量
减少
扁平
说服
参与者

外面
开始！
属于
的。
周末
画笔
一个
需要
靠近
随身携带

Puzzle 26

十 骄 柔 地 惨 优 中 马 泽 余 桥 约 来 权 滑
号 进 桥 方 豆 项 请 地 从 面 日 热 不 出 解
旋 信 制 权 衡 查 处 定 循 雪 压 力 立 即 便
股 携 望 眼 士 于 热 子 损 理 野 学 计 毁 情
乐 旋 镜 介 虫 乐 社 便 豆 几 大 远 数 充 伏
柔 信 高 重 好 状 有 宜 之 安 绍 主 快 充 损
他 野 的 毁 肥 决 奥 主 定 排 获 桥 不 得 上
摇 爱 区 娱 眼 延 煲 秘 需 余 理 得 恐 况 坠
可 伊 号 得 型 趣 肉 复 要 回 稻 充 循 书 胶
里 幸 事 闲 情 得 热 测 露 行 最 野 源 紧
部 马 答 典 虫 高 便 试 雨 自 宗 教 恢 苦
惫 息 自 理 马 项 状 花 醋 差 乃 蠕 持 飞
惧 桌 运 的 猫 游 泳 椰 想 源 噪 来 特
查 惊 行 眉 衬 倍 高 菜 祖 皂 稳 娱 噪 考

权衡
高兴
大学
立即
十进制
奥秘
计数
获得
可爱的
压力

安排
宗教
需求
游泳
测试
远景
花椰菜
查处
运行
地方

Puzzle 27

典 香 四 望 趣 主 桌 飞 性 带 桌 ！ 远 典 好
己 蕉 上 考 肥 栅 源 先 有 面 乎 上 一 页 蛾
行 组 车 村 惊 的 书 生 亲 记 存 见 数 透 皂
鳍 随 装 日 马 修 趣 亲 真 部 了 充 研 间 自
部 记 几 程 于 得 适 幸 栖 试 祖 复 杂 息 滑
信 人 摇 规 坠 木 之 当 息 克 水 尘 型 了 袋
袋 直 约 趣 视 底 然 恐 地 素 村 土 介 过 蠕
虑 约 信 野 举 最 究 页 面 介 亲 飞 理 定 从
柔 重 眉 ＞ 自 喜 作 煲 填 子 研 扬 的 兔 还
遥 视 便 而 树 凑 用 汽 油 遇 本 的 野 有 己
村 恢 灵 迟 上 草 碎 焕 损 他 惧 摇 的 私 破
摇 惊 下 不 连 周 期 之 信 遇 克 马 平 一 套
珍 木 日 趣 接 肥 惧 有 本 肉 特 子 股 来
贵 环 克 素 貓 决 查 己 闲 的 活 ＿ ＿ ＿ ＿

尘土飞扬的　　　　　的袜子
作用　　　　　　　　随车
香蕉　　　　　　　　一套
复杂　　　　　　　　适当
重视　　　　　　　　连接
先生　　　　　　　　日程
汽油　　　　　　　　还有
珍贵　　　　　　　　组装
周期　　　　　　　　野兔
栖息地　　　　　　　上一页

Puzzle 28

喜 上 恐 趣 保 村 坠 保 遥 他 释 静 袖 便 蛾
饭 最 丁 他 东 摇 规 差 焕 蛾 老 性 号 快 鳍
增 号 壶 来 西 私 考 进 苦 野 远 定 摇 热 的
约 茶 栏 票 巧 考 一 一 祖 家 答 几 桌 露 乎
部 胶 加 肉 克 息 周 步 术 迟 身 旋 规 去 了
有 破 注 图 力 分 一 艺 则 请 特 飞 有 热 衫
举 血 谢 谢 发 人 老 心 眼 要 份 梅 里 安 私
出 坠 村 根 钱 因 ！ 信 复 稳 研 稳 绍 数 胶
差 小 肥 考 视 幸 思 社 年 视 木 摇 不 规 身
平 说 持 祖 碎 倍 闲 本 视 项 眉 豆 复 见 碰
栅 理 乎 答 视 领 性 型 乐 年 摇 了 类 醋 醒
中 虎 移 动 线 等 待 基 桌 高 乐 中 底 见 煲
行 虎 信 乐 特 待 直 选 量 贵 便 期 日 醋 优
自 疲 的 生 增 直 区 雪 疲 的 长 期 日 醋 的

移动
视线
梅里
茶壶
等待
一分钱
拥有
加注
去了
出血

长期
谢谢
周一
身份
艺术家
巧克力
小说
高贵的
进一步
东西

Puzzle 29

一	次	重	护	自	记	木	本	绍	行	口	野	步	骤	远
恐	虑	肢	肉	欲	数	通	特	约	业	镜	人	部	私	摇
车	面	面	不	间	泽	远	易	望	骄	自	丁	不	喜	答
口	平	灵	梁	持	颜	贸	怖	士	情	车	保	自	本	量
不	是	中	乐	宠	色	摇	丁	马	规	苦	的	资	讯	远
复	树	地	竞	物	议	特	释	信	直	奶	休	也	过	要
凑	肉	饲	争	料	貓	复	木	条	热	酪	车	心	野	出
事	紧	子	肢	增	顶	特	真	特	乎	克	四	日	暑	落
研	项	过	赂	本	迟	不	能	排	活	怖	苦	基	遇	旋
究	约	热	决	运	动	则	程	事	想	发	理	饭	远	休
书	休	入	时	期	准	生	修	不	高	自	释	人	泽	他
子	侵	焕	晚	餐	的	则	公	秀	我	自	己	特	惧	源
地	动	坠	木	灵	磨	办	底	快	直	过	乐	士	宜	醋
亲	观	秀	坠	看	面	木	惨	便	真	伏	条	幸	礼	亮

研	究	
竞	争	
准	则	
的	办	公
我	自	己
奶	酪	易
贸	物	
宠	骤	
步	资	
资	讯	

运	动	
日	暑	期
时	行	业
不	是	
一	次	入
侵	料	
饲	色	
颜	餐	
晚		

Puzzle 30

的 保 本 记 坠 梁 复 理 想 动 碰 惨 趣 而 鳍 的
袖 带 心 了 日 木 磨 部 解 遥 源 胶 所 加 的 貌
坠 图 坠 年 傲 有 几 增 从 子 动 动 有 坠 抗 蚀
能 页 程 看 信 醒 的 树 木 破 趣 滑 人 带 剂
损 根 看 存 于 泽 肢 父 信 自 型 貌 近 自 请
主 安 存 面 栅 的 理 他 拒 发 展 考 先 前 研
哭 迟 高 能 持 高 飞 自 绝 分 灭 后 建 驱 机
了 察 年 坠 分 恐 村 通 携 的 摇 亡 决 项 >
倍 人 增 安 复 区 一 下 庄 心 解 野 年
究 书 心 伊 觉 信 损 山 然 驴 长 主 沟
煲 充 胶 有 息 步 情 考 休 ！ 从 通
有 增 程 私 露 迟 不 有 毁 直 凑 来
量 放 唱 书 况 蔻 露 司 为 面
降 思 歌 毁 的 谈 公 简 介 典 闲
喜 况 稳 有 电 携 >

柔滑
解决
信息
交谈
成为
成长
拒绝
向前
发展
公司简介

山庄
哭了
所有人
抗蚀剂
沟通
唱歌
滑动
下一步
的树木
灭亡

Puzzle 31

记	泽	中	的	里	真	有	便	许	能	加	本	蛾	眼	延
飞	主	行	野	顶	放	定	之	究	转	自	碰	休	间	增
的	貓	也	书	梳	举	要	人	复	地	股	环	通	发	肢
释	身	视	斑	马	特	车	来	议	图	蛾	本	循	平	有
雪	行	觉	露	心	里	木	水	部	热	增	飞	身	迟	股
人	伊	面	然	而	克	秀	绍	虫	龄	窗	蠕	社	理	伏
从	指	责	极	变	的	东	西	嘲	讽	口	闲	普	想	顶
便	则	北	面	量	伏	电	欲	欢	喜	地	通	决	间	间
露	间	型	类	的	心	车	情	信	图	鳍	惧	解	试	过
究	衡	恐	袖	灵	出	情	复	票	高	。	虑	的	保	证
热	议	情	父	填	遇	日	马	区	高	有	野	亲	惼	紧
跳	滑	苦	宜	答	秀	灵	悉	行	究	趣	桥	的	研	远
了	问	题	机	摇	底	箱	心	整	年	下	趣	懒	地	图
复	便	趣	底	肢	冰	解	克	齐	面	肢	观	事	从	

下面　　　　　　特里克
悉心　　　　　　变量
窗口　　　　　　问题
保证　　　　　　电车
懒惰　　　　　　的地
冰箱　　　　　　东西
北极　　　　　　图
跳了　　　　　　斑马
指责　　　　　　整齐
欢天喜地　　　　普通
　　　　　　　　嘲讽

Puzzle 32

试 况 放 灵 答 遇 特 瑞 热 音 之 急 心 焕 闲
肢 增 木 子 坠 了 带 的 草 野 乐 乃 心 条 貌
灵 肢 傲 带 赂 都 的 不 是 欲 凑 豆 国 国 际
活 租 伙 想 票 究 有 了 的 子 泽 区 乐 乐 野
程 丁 计 失 数 的 动 几 遇 部 本 驱 最 环 猫
图 野 们 私 差 噪 面 幸 来 煲 修 音 出 贫 程
租 热 ！ 蔻 复 日 试 地 乐 研 考 带 倍 困 的
真 门 试 绍 骨 典 上 能 赂 疲 保 实 幸 鳍 怖
理 自 房 子 架 镜 肥 决 娱 马 > 验 碎 顶 行
煲 马 答 近 持 降 胶 惨 干 燥 雨 电 体 撞 重
想 飞 坠 栏 摇 决 便 己 脑 观 差 息 自 公 娱
的 图 静 飞 过 举 惨 坠 了 看 龄 遥 公 阿 民
静 傲 怖 惫 错 循 保 灵 生 不 定 面 阿 鹅 木
撞 碰 面 面 虑 秘 闲 基 稻 举 来 行 排 发 车

灵活
野猫
都不是
国际
骨架
伙计们
观看
体验
房子
热门

公民
头脑
贫困
实验
音乐
失望的
阿鹅
真理
干燥
急于

Puzzle 33

貌	人	行	视	宜	四	请	面	亲	保	礼	袋	毛	的	动
感	觉	动	灵	自	坠	存	子	休	闲	娱	乐	巾	运	镜
转	栏	子	驱	数	乃	子	事	保	租	梳	草	梳	特	营
有	示	人	的	各	种	快	不	欲	子	有	的	决	泽
飞	例	桌	过	地	选	递	柔	复	袖	眼	中	升	苦	许
摇	肉	望	复	信	约	带	动	想	然	遇	伊	图	数
情	股	票	快	研	栏	摇	私	型	的	啤	酒	摇	他
损	老	自	建	练	习	马	况	子	差	乐	能	紧	露	租
认	建	保	子	蛾	人	特	袖	运	息	不	基	地	骄
为	口	下	野	便	恐	人	>	乐	自	露	高	定	！
住	宿	袋	心	有	惊	恢	保	坠	的	稳	研	举	噪
祖	重	损	里	直	行	子	精	自	循	衡	性	以	降
生	成	草	想	伊	不	礼	心	思	摇	可	环	增	差
之	眉	坪	貌	便	页	考	好	快	信	想	观	衬	出	坠

口袋里　　　　　精心
休闲娱乐　　　的各种
股票　　　　　生成
快递　　　　　练习
认为　　　　　行动
草坪　　　　　啤酒
想象　　　　　运营
感觉　　　　　住宿
毛巾　　　　　示例
可以　　　　　基地

Puzzle 34

阶	梯	部	的	亮	桌	研	松	饭	马	胶	则	填	坠	肢
举	驴	口	乐	损	身	后	鼠	貌	间	议	面	差	基	口
况	亲	撞	赂	的	子	增	稻	空	究	恢	便	携	煲	噪
蛾	性	马	雪	能	挑	战	星	最	糕	糕	保	梳	驴	驴
符	合	资	格	不	见	摇	瑞	级	也	坠	达	到	噪	看
雨	克	究	的	准	备	金	权	权	恢	摇	骆	驼	看	状
答	套	代	露	占	领	源	力	努	行	生	自	高	自	自
手	人	表	填	特	生	排	排	部	私	望	降	蠕	则	则
趣	柔	护	规	安	书	信	信	回	放	宜	票	本	约	约
中	断	欲	袋	图	娱	肉	理	回	而	望	复	情	香	香
分	坠	欲	传	来	衬	得	余	请	决	瑞	页	夏	不	不
本	丁	股	滑	许	毁	主	乐	主	错	吧	天	恐	恐	恐
转	过	要	余	马	究	然	父	觉	约	哭	丁	栏		
页	信	书	子	迟	野	衬	梁	上	稳	面	肢	镜		

Puzzle 35

型	子	木	便	重	况	礼	自	数	乎	重	貓	试	心	乐
落	面	来	本	要	和	平	面	量	缺	乏	每	己	点	梳
撞	撞	举	窗	衡	驴	迟	野	上	社	本	个	源	车	余
循	苦	建	帘	闲	发	伊	摇	情	衫	坠	坠	了	间	自
事	香	眼	动	修	祖	光	灵	梁	文	阳	摇	降	恢	自
的	工	作	数	复	恐	荣	遥	磨	本	台	的	社	会	复
信	木	恐	去	除	机	地	页	最	摇	灵	苦	礼	的	真
疲	请	虫	驼	基	闲	有	权	定	衫	年	倍	蔻	老	息
士	面	磨	鹿	碰	生	信	本	快	远	记	肢	心	己	肉
噪	惨	心	煲	性	面	磨	便	蔻	信	日	活	乐	碍	社
阿	答	克	商	理	源	升	四	栅	察	根	动	障	磁	便
最	姨	焕	数	心	要	眉	驴	的	车	请	试	修	带	性
的	介	怖	看	看	本	况	过	蜈	的	柔	考	书	苦	性
高	释	子	保	记	权	书	复	蚣	查	光	电	面	衫	好

修复   和平
窗帘   文本
驼鹿   障碍
每个   缺乏
试点   商去除
光荣地   数量
阳台   蜈蚣
阿姨   的社会
活动   磁带
的工作

Puzzle 36

不	中	转	口	疲	礼	请	议	不	许	附	生	近	排	持
信	情	典	乐	决	欲	排	栅	马	好	近	接	土	因	子
远	破	毁	情	远	复	信	撕	议	于	驱	动	豆	身	怖
直	社	紧	标	题	真	镜	裂	人	答	增	娃	存	野	树
到	区	便	真	日	见	情	草	坠	苦	娃	不	信	阅	读
活	主	惨	可	见	焕	驱	保	休	疲	迟	自	研	桥	栏
真	礼	里	凑	疲	动	野	部	请	类	袋	源	况	情	租
特	私	应	理	蠕	柔	碰	傲	究	历	貓	蓬	醋	部
草	响	研	顶	遇	马	图	秀	回	史	>	马	松	得	解
栅	栏	信	领	人	信	升	摇	息	坠	恐	青	蛙	疲
行	号	息	惨	事	安	类	项	规	车	最	袖	马	想	察
牛	镜	地	露	摇	是	的	放	遥	车	口	他	身	士
仔	转	了	典	活	身	惨	情	不	礼	欲	夹	数	热
礼	的	优	优	透	父	过	驴	信	携	循	解	克	便	不

栅栏
社区
驱动
土豆
夹克
牛仔
标题
娃娃
历史
蓬松

接近
响应
可见
阅读
撕裂
直到
附近
不是
好的
青蛙

Puzzle 37

坠	特	使	出	究	社	滑	规	伏	增	得	况	乃	分	部
来	惧	中	疲	蠕	栗	怖	保	页	乃	考	便	恐	野	上
恐	露	虫	复	远	的	梁	恢	升	亮	的	页	页	快	野
保	得	貌	究	素	绍	信	数	坠	动	傲	脚	香	远	亲
眼	宜	欲	暂	赂	便	木	遥	亲	尊	信	趾	貓	觉	决
回	里	加	停	源	条	蛾	间	劳	重	有	高	坠	权	票
考	草	士	有	倍	迟	肯	疾	规	毁	虎	降	里	释	典
借	给	丁	泽	推	思	定	病	摧	环	的	选	择	人	蠕
欲	便	存	研	蜡	笔	喜	本	亮	演	型	决	从	像	冰
保	摇	出	思	况	候	选	人	私	讲	己	高	的	租	霜
出	思	自	恐	凑	举	礼	讀	！	的	不	延	有	重	转
毛	毛	的	瑞	他	环	遇	带	摇	不	情	豆	有	觉	余
胶	注	凑	量	见	宜	况	心	肢	理	惊	摇	子	议	木
碰	意	摇	究	于	里	亲	马	宜	怖	运	皂	分	醒	

恐惧
脚趾
借给
劳动
候选人
冰霜
毛毛
注意
摧毁
推迟

重
尊 疾病
的 选择
暂停
蜡笔！
人像
讀定
肯出
使演讲

Puzzle 38

则	驱	解	精	度	树	面	不	受	破	栅	肢	察	复	过
真	草	泽	士	袋	邀	灵	里	苦	梳	他	虫	持	号	情
票	飞	况	思	特	保	自	己	稻	复	趣	趣	紧	的	衬
见	饭	过	趣	保	碰	见	桥	哥	哥	息	回	观	持	肥
地	情	便	淡	面	部	被	条	释	闲	面	的	息	父	桥
丘	比	特	紫	对	象	镜	捕	惩	罚	来	驱	幸	动	有
有	恐	中	色	摇	运	决	好	查	底	桥	镜	主	分	露
持	眼	请	他	镜	西	部	虎	海	部	乐	底	磨	考	粒
书	心	决	解	便	人	的	查	洋	试	平	私	惧	修	子
长	颈	鹿	桥	的	循	恐	面	决	乐	龄	视	加	舒	适
笔	破	蔻	自	野	恐	放	边	电	请	主	心	煲	素	情
香	者	心	也	升	察	栅	高	醒	肥	摇	有	高	人	音
桥	租	研	摇	社	分	充	部	瑞	蔻	貓	子	本	生	菜
私	口	因	于	机	碰	资	格	型	运	试	子	租	事	苦

底部   资格
自己   哥哥
淡紫色   丘比特
西部   受苦
惩罚   海洋
长颈鹿   对象
舒适   生菜
笔者   对边
粒子   被捕
精度

Puzzle 39

加 近 况 查 通 滑 情 重 流 行 紧 欲 伏 以 地
回 骄 研 看 缉 无 ！ 味 号 区 子 票 根 后 根
撞 车 的 音 面 解 效 道 鳍 乃 休 得 瑞 再 有
来 情 股 底 绍 下 撞 日 飞 安 梳 梳 见 说 木
图 区 焕 蔻 的 基 素 行 宜 日 能 坠 成 部 眼
鳍 影 院 性 惧 填 小 学 后 人 伏 本 就 建
位 置 倍 图 面 镜 子 好 举 橄 榄 球 乐 部
凑 稻 伴 真 于 考 柔 过 降 镜 黑 色 雨 醒
欲 充 面 驴 有 遇 复 区 驱 衡 程 私 胶 然
因 此 稻 想 利 草 答 重 而 镜 草 复 举 惫
丁 衰 类 似 ＞ 情 的 蠕 平 自 趣 约 娱 秘 桥
老 减 栗 坠 见 肉 复 热 年 镜 草 复 秀 破 出
亲 究 驱 放 他 余 量 碰 静 不 毁 绍 请 后
充 情 部 醋 饭 貓 老 损 苦 价 欲 乐 自 填 乃

平静	黑色
查看	流行
位置	味道
批发价	有利
影院	衰减
橄榄球	以后再说
成就	伙伴
类似	亲情
小学	因此
无效	通缉

Puzzle 40

审 查 木 激 发 四 老 行 部 摇 迁 便 研 乐 醋
比 特 循 排 马 差 保 子 静 部 移 凑 因 也 情
能 复 情 护 野 太 考 稻 信 携 影 快 梯 请 息
老 素 乎 泽 增 阳 转 疲 活 远 响 煲 释 复 求
随 机 栅 中 醋 镜 热 虎 噪 雪 的 电 素 升 检
持 心 的 毁 镜 欲 四 生 带 乃 信 不 考 过 测
驱 选 貌 行 为 丁 香 的 觉 貌 素 区 趣 士 回
栗 降 答 心 乐 本 远 加 情 迟 车 邀 动 紧
有 老 煲 动 特 亲 便 领 婚 礼 宜 全 性 饭 放
典 转 坠 复 有 页 伏 制 度 磨 中 本 基 看 下
肢 顶 循 年 雪 坠 研 假 的 安 恐 不 醒
动 香 情 作 家 自 底 电 行 之 乐 惧
差 分 栗 储 身 老 重 上 考 便
数 怖 蠕 存 子 决 家 高 便 持

的楼梯   的安全性
检测   随机
储存   早上
制度   度假
请求   行为
家伙   激发
婚礼   目的
太阳镜   迁移
审查   影响
比特   作家

Puzzle 41

```
试 分 面 部 复 口 马 飞 动 稻 结 合 绍 解 蛾
转 让 醋 携 观 的 瑞 重 银 草 后 光 众 遇 泽
自 持 定 许 镜 面 蔻 蹈 行 人 技 亲 多 邀 议
背 后 恢 的 型 对 舞 电 ！ 乐 术 蠕 父 闲 息
约 礼 分 分 想 了 得 分 雨 宜 状 要 欲 最 饭
复 克 水 小 栅 信 信 毁 加 后 本 有 马 诺 视
恐 焕 肥 心 然 马 雨 回 邀 视 察 号 诺 梳 克
得 毁 噪 请 惊 信 平 笔 高 分 德 细 腻 信 虎
建 人 观 上 领 破 不 行 的 ＞ 环 他 信 破 驴
皱 行 大 厅 鳍 量 桥 视 露 带 原 谅 露 考 复
纹 的 望 基 升 秘 子 情 带 飞 请 好 野 士 亲
毁 察 栅 士 质 子 伏 高 飞 出 谅 露 差 木 表
释 皂 眼 增 升 保 情 不 上 子 原 考 野 余 演
赂 答 私 也 间 答 乃 重 平 飞 滑 士 滑 村 肉
```

稻草人
请原谅
大厅
舞蹈
技术
凝视
铅笔
银行
的面对
质量

结合
的小
道德
细腻
皱纹
得分让
转后
背众
多表演

Puzzle 42

的 摇 人 持 主 伏 工 完 差 况 木 不 的 自 号
村 降 带 水 镜 任 作 美 滑 怪 士 幸 下 傲 动
周 五 产 迟 区 察 柔 的 倍 物 特 面 包 车 金
况 理 业 快 规 议 马 灵 安 遥 稻 而 野 基 下
区 增 性 鳍 的 绍 自 恢 静 泽 释 趣 型 里 龄
光 里 主 水 邀 携 落 余 部 损 持 保 飞 身 子
加 静 乐 面 机 错 试 平 音 人 瑞 决 惫 思 理
心 镜 程 光 解 记 集 密 封 近 恢 能 木 议 宜
安 他 煲 则 稳 研 栅 镜 间 充 差 源 恢 行 父
木 下 思 因 为 信 飞 近 坠 车 肉 从 ！ 数 狐
人 高 衡 情 落 数 选 凑 数 伊 趣 直 衫 字 狸
稳 见 撞 号 静 加 优 露 驱 主 诺 子 先 露 虑
主 貌 滑 审 饭 复 忏 音 心 实 范 围 本 也 得
乃 见 老 虎 判 循 悔 状 磨 用 宜 平 虎 存 图

能源 数字
怪物 安静
范围 工作
基金 密集
狐狸 主任
审判 因为
密封 产业
周五 面包车
实用 主持人
完美的 忏悔

Puzzle 43

子	坠	不	运	型	携	权	欲	飞	怖	桌	肢	类	情	从
情	于	信	研	秀	型	惧	页	梳	骄	动	物	园	哪	个
考	不	人	余	究	主	克	子	摇	娱	高	而	丁	心	一
趣	话	好	口	试	书	亲	夕	运	设	计	幸	心	则	另
电	填	基	恐	直	人	从	阳	专	典	车	了	最	邀	然
露	子	肥	对	特	骄	而	升	业	升	本	秀	遥	雪	过
摇	试	光	手	车	稻	秀	亮	视	惫	遥	优	势	雨	量
虑	惧	研	赂	顶	然	克	伏	护	程	持	安	欲	野	有
观	柔	独	慷	慨	后	面	文	化	丁	热	复	真	请	袖
惧	虎	他	立	尖	木	欲	桥	情	过	望	优	人	型	光
露	身	型	书	叫	稳	想	要	生	病	不	当	许	泽	不
平	有	时	便	雨	飞	皂	口	不	带	他	亲	过	地	雪
复	车	,	乐	树	子	远	祖	观	记	父	人	了	举	行
卡	源	坠	运	旋	秀	栗	选	差	马	心	许	亲	龄	灵

举行
然后
从而
慷慨
时，
夕阳
独立
设计
尖叫
动物园

对手
哪个
文化
生病
卡车
另一个
电话
专业
不当
优势

Puzzle 44

```
中 桌 优 心 三 个 里 喜 恢 破 人 几 衰 变 树
俏 皮 醒 傲 种 中 惨 考 紧 丁 面 子 复 人 桌
优 类 私 物 类 增 惨 自 貓 热 究 醋 修 况 皂
自 也 的 乐 草 考 摇 权 究 情 己 约 存 看 栗
灵 滑 他 便 第 等 音 高 情 状 马 电 研 稻 滑
摇 遇 胶 热 二 于 音 速 发 也 防 总 碰 和 自
快 速 搞 不 袋 真 自 公 娱 惧 止 介 透 高 况
柔 有 有 野 主 书 照 路 查 邀 余 领 日 图 恢
皂 遇 的 约 基 亲 片 区 活 恐 恐 士 人 介 诺
行 亲 乎 四 树 量 虫 能 草 惧 ! 野 胶 最
倍 有 木 乐 超 摇 坠 性 眉 思 亲 噪 电
蛾 热 恐 迟 越 条 面 露 皂 水 书
香 复 篮 上 紧 便 打 衫 察 伊 遇
查 项 心 球 局 限 衬 雨 算
```

便宜
野性
胶水
俏皮
快速
照片
第二
的物种
等于
打算

篮球
高速公路
防止
超越
搞不清
三个
局限
丈夫
衰变
总和

Puzzle 45

更	肉	书	貓	选	息	建	乃	幸	摇	欧	方	官	桌	程
的	约	惊	桌	亲	视	升	野	成	交	芹	向	风	格	剪
子	惊	数	恢	透	木	豆	香	思	疲	生	视	过	秘	辑
了	请	得	噪	诺	升	撞	伊	野	顶	特	的	型	重	便
恢	决	信	貓	稻	顶	环	幸	约	循	野	源	复	色	彩
袋	野	策	娱	滑	区	的	运	记	祖	己	后	灰	运	情
究	父	醒	秘	信	的	露	里	露	书	从	>	磨	疲	我
日	有	>	平	性	露	有	回	重	日	发	约	数	阳	们
落	人	硬	磨	的	眼	草	协	议	蠕	条	稻	便	赂	的
利	排	况	币	亲	丁	丁	焕	错	乃	性	选	了	有	光
息	>	答	父	乎	胶	规	年	礼	礼	坠	坠	中	娱	肥
怖	丁	升	桥	老	光	介	隆	定	程	!	究	息	信	查
肥	项	间	权	稳	乐	底	重	系	列	本	重	视	心	面
惊	基	扑	灵	通	环	平	任	务	议	不	他	泽		坠
			通	环		程				解				

彩色
灰色
我们的
成交
利息
决策
系列
扑通
欧芹
官方

阳光
剪辑
协议
方向
隆重
日落
任务
风格
更的
硬币

Puzzle 46

面 蔻 远 草 则 浴 最 社 完 毕 主 机 情 源 热
食 品 子 木 淋 露 倍 日 事 者 几 动 间 第 一
觉 亮 状 交 气 差 衬 虎 害 子 龄 修 趣 虽 然
肢 磨 年 易 候 复 看 受 量 袖 坠 量 放 理 刺
事 虎 私 的 四 迟 行 的 镜 行 安 情 幸 有 猬
骄 露 乎 究 乐 > 的 心 醋 释 稳 露 情 > 票
本 真 来 后 记 分 胶 奢 约 量 马 类 本 放 决
情 破 煲 典 然 亮 华 驱 木 素 通 根 草 本 权
礼 摇 树 人 之 宜 顶 雪 机 生 安 通 常 灵 栏
桥 面 余 欲 骄 程 醒 情 解 宜 复 闲 事 特 事
乐 根 后 升 平 面 亮 报 宜 他 动 灵 本 肢 保
香 豆 迟 思 中 的 典 告 动 错 心 本 本 地 坠
想 法 怖 衫 望 身 的 木 心 复 底 本 地 特 蔻
持 号 教 室 人 桥 放 他 信 驱 顶 底 地 坠 排

平面
旋转木马
奢华
想法
然而
第一
报告
受害者
气候
刺猬

完毕
教室
淋浴
虽然
通常
食品
他们
主机
交易
中的

Puzzle 47

桥	父	凑	特	知	优	人	磨	乐	根	环	组	惨	回	番
他	坠	远	便	察	识	拳	击	冲	肉	条	合	马	主	红
望	星	焕	生	大	乃	骚	项	便	坠	本	灵	信	灵	花
自	期	不	最	野	放	扰	年	程	究	察	操	摇	来	蔻
蔻	三	好	加	地	况	亲	衫	神	枪	手	身	作	栗	过
破	欲	书	遇	之	介	特	人	的	倍	热	坠	高	后	乃
便	士	之	排	克	飞	底	观	最	煲	梁	娱	解	不	本
约	解	典	研	部	心	肉	进	步	性	伊	恐	高	察	情
雨	票	然	定	见	平	息	保	摇	赂	他	碰	醒	究
思	维	了	滑	里	镜	木	子	赂	部	乐	释	然	许	子
恢	秘	>	趣	慈	闲	光	私	邀	来	面	议	了	近	真
项	研	息	最	子	乐	肉	底	乐	马	子	观	目	人	飞
远	征	他	赠	部	飞	电	露	亮	己	木	降	一	信	微
煲	宜	栅	品	有	蛾	简	单	的	量	遇	克	般		型

便士　　　　　　　一目了然
飞蛾　　　　　　　操作
知识　　　　　　　神　枪手
骚扰　　　　　　　番　红花
思维　　　　　　　组　合
星期三　　　　　　远征
简单的　　　　　　最大步
冲击　　　　　　　进微型
拳击　　　　　　　一般
赠品

Puzzle 48

乐 思 的 马 规 试 加 滑 重 打 橡 书 栅 蚂 趣 量
活 许 表 介 飞 草 运 行 碎 四 扰 皮 动 蚱 信 镜
马 区 白 诺 桌 骄 木 毛 奶 油 泽 苦 典 安 肉 股
醒 木 间 焕 火 社 条 毡 理 体 育 遇 电 滑 源 增
秀 欲 噪 状 箭 摇 源 焕 动 解 护 信 音 怖 研 远
股 危 袖 心 豆 修 丁 况 息 考 口 然 源 梁 充 建
磨 险 冒 真 衫 镜 息 春 天 于 手 指 顶 ！ 事 决
特 的 主 草 水 了 亲 保 醋 饭 请 最 蠕 级 想 坠
程 群 带 图 碰 则 马 究 坠 本 宜 面 木 想 的 租
牛 复 瑞 活 碰 要 灵 安 破 的 驴 欲 终 双 释
旋 蛾 循 ！ 栏 趣 油 漆 。 损 类 自 乎 持 老
滑 飞 衬 票 复 恐 股 先 图 信 始 远 木 愆
醒 旋 维 镜 放 最 状 区 自 间 好
举 增 修 原 因 惨 飞 便 程 填 充 远 木

填充
火箭
体育
奶油
手指
打扰
橡皮
牛群
始终
冒险

原因
毛毡
油漆
的双
维修
春天
蚂蚱
的表
危险 白的
顶级

Puzzle 49

票	答	衬	要	蔻	马	近	基	保	人	究	口	填	来	蛾
欲	马	信	型	最	音	近	本	成	生	肉	释	姐	底	惊
蛾	本	坠	眼	出	袖	香	的	本	电	律	余	姐	遥	士
心	运	谈	判	信	摇	型	量	噪	快	师	息	梳	飞	邀
。	怖	驱	息	橙	色	柔	研	于	间	袋	基	父	况	
页	欲	磨	转	恐	野	来	息	高	度	车	草	草	了	栗
然	人	通	幸	灵	保	型	风	筝	条	周	二	心	解	亲
视	亲	最	见	究	面	告	诉	摇	近	喜	典	饭	饭	的
欲	木	毁	因	苦	型	乃	四	自	光	蛾	思	克	人	保
增	况	的	瑞	电	面	从	性	栏	不	香	隐	思	村	肉
饭	树	通	权	欲	定	之	确	差	泽	断	号	充	本
科	泽	根	骄	四	居	确	想	得	面	号	形	况	故
学	乎	回	多	谢	者	准	究	基	况	身	不	事	本
情	眉	便	鳍	人	噪	醋	机	回	胶	而	视	身	木	本

科学
高度
基本的
姐姐
谈判
成本
橙色
多谢。
变得
周二

定居者
故事
司机
隐形
告诉
不断
准确性
价差
律师
风筝

Puzzle 50

近 议 碰 复 休 真 秀 傲 页 安 主 导 蜂 怖 填
＞ 转 煲 克 有 上 最 情 几 得 看 蜜 行 觉 地
音 保 书 记 约 余 沉 心 平 后 不 定 携 自 亲
视 醋 住 坠 行 下 了 中 丁 虫 雪 机 便 选 自
趣 最 宅 基 衬 苦 下 梁 绍 的 柔 行 肉 地 肥
先 不 伊 充 基 间 伏 心 阵 风 音 程 皂 性 肉
间 闲 信 毁 摇 人 貌 虎 怖 胶 看 马 父 四 便
生 子 复 伏 眼 趣 英 里 重 记 复 热 机 性 事
决 真 胶 性 究 安 口 露 心 摇 热 页 书 秀 四
皂 查 本 高 稳 泽 自 罪 木 源 图 觉 眼 通 以
虑 最 透 远 稳 喜 虎 诺 则 有 椅 特 况 坠 为
虎 破 心 ＞ 则 摇 而 愈 人 扶 水 分 马 秘
上 升 赂 间 苦 坠 有 坐 在 能 ＞ 欲 透 看 带
轻 松 轻 放 准 备 的 况 现 坠 袋 介 旋 看 释

书记
几乎
准备
现在
水分
英里
上升
轻松
有人
阵风

放轻松
主导
以为
下沉
蜜蜂
坐在
扶手椅
住宅
有罪
行程

Puzzle 51

驴 秘 保 原 村 > 保 娱 票 欲 保 ！ 惫 龄 研
周 围 护 谅 复 邀 碰 磨 父 眼 重 接 灵 伊 衬
真 的 龄 礼 转 落 村 虎 素 刚 性 受 记 指 衬
了 透 平 近 栏 况 因 碰 考 号 亲 情 戒 情 树
阴 排 焕 增 灵 己 的 克 父 余 不 平 驴 于 衫
破 影 许 雨 休 碎 电 而 举 乐 型 焕 动 页 面
混 合 亲 栏 能 胶 带 了 状 跳 水 碎 系 统 上
典 信 信 父 重 恐 休 脖 子 海 朋 貌 热 请
入 口 人 雨 中 主 面 遥 疲 滩 错 友 租 后 闲
口 马 落 蛾 便 特 桥 惧 遇 的 增 动 究 摇 增
记 乎 管 理 木 循 栏 自 恢 部 条 乐 遥 约 趣
碰 型 特 恐 栅 父 雪 恢 休 梳 私 香 里 亲 日
梁 蔻 栗 梳 的 滑 雪 典 领 股 趣 研 音 瑞 克
倾 斜 机 觉 真 口 煲 肉 活 来 记 得 没 有 克

页面　保护
倾斜　入口
戒指　记得
刚性　接受
管理　没有

周围　阴影
跳水　系统
混合　原谅
海滩　朋友
的滑雪　脖子

Puzzle 52

充	定	经	本	排	则	喜	上	丁	自	项	视	过	信	人
旋	部	济	柔	滑	票	更	页	方	马	倍	人	租	桥	复
亮	约	手	情	秘	眉	聪	典	老	运	的	醒	坠	建	察
碎	先	臂	伏	特	究	明	带	重	貓	主	稻	损	欲	之
活	蛾	选	热	见	趣	权	投	力	安	护	真	口	而	娱
保	马	一	切	条	增	驴	入	优	子	提	醒	袋	下	有
环	野	皂	觉	倍	答	他	梳	人	毁	危	简	身	本	凑
声	音	的	步	伐	自	性	梁	滑	号	险	要	赦	免	日
的	灵	查	理	然	肉	持	栅	动	部	保	便	日	型	休
飞	柔	举	型	草	露	静	续	色	彩	充	灵	安	栅	衫
视	书	陪	人	信	袖	息	面	摇	静	摇	人	疏	素	毁
理	许	审	马	焕	远	蠕	下	四	生	灵	愈	的	散	特
骨	折	团	面	发	伏	平	眉	优	区	邀	好	有	页	蠕
票	恐	焕	错	区	趣	他	衬	图	持	优	重	肢	眼	趣

焕发
陪审团
骨折
色彩
的步伐
投入
声音
手臂
更聪明
赦免

持续
简要
疏散
提醒
口袋
危险
一切
经济
上方
重力

Puzzle 53

根 破 。 考 释 赢 特 虑 休 建 条 型 草 定 近
驴 旋 合 衫 胆 了 型 的 小 心 介 袖 鳍 后 雪 机
草 甸 发 作 小 回 亮 然 甘 马 身 如 填 苦 高 柔
运 摇 音 杂 志 视 介 倍 面 德 趣 何 值 得 柜 慎
后 老 高 觉 木 程 热 梳 灵 吊 着 远 领 了 瑞
克 建 条 视 建 亲 摇 分 远 发 考 根 环 衣 慎 趣
犹 豫 热 凑 豆 平 虎 手 见 直 衡 保 滑 谨 息 滑
滑 规 上 肉 傲 趣 生 册 信 宜 豆 过 放 克 书
祖 惊 规 心 惊 欲 运 然 察 事 碰 遥 视 士 间 效
稻 填 胶 焕 领 地 破 机 胶 基 伏 重 增 益
牙 齿 究 里 透 桃 滑 遇 信 古 董 木 傲 间 试
而 貌 柔 樱 素 况 重 娱 号 增 选 来 增
下 野 解 书 迟 发 远 热 伏 间 快 乃 村 虑
蠕 选 主 口 迟 心 了 噪 马 骄 梳 携

Puzzle 54

的	毁	灵	摇	人	滑	倍	过	运	蛾	动	差	蛾	滑	心
傲	雨	坠	的	立	场	中	至	自	的	幸	惨	定	自	有
露	觉	私	的	的	己	充	少	权	生	地	驱	豆	己	赂
眉	紧	稳	项	环	雪	人	差	新	活	点	基	电	为	年
后	动	木	雪	破	平	甜	甜	闻	不	余	惊	望	饭	面
痛	填	人	损	的	的	看	复	马	白	菜	充	句	子	然
苦	面	况	究	秀	损	复	凑	惧	机	素	有	最	柔	道
水	落	本	欧	区	的	心	近	定	心	修	亲	噪	街	露
困	心	野	洲	车	平	休	赂	桌	开	灵	的	数	疲	公
难	攻	击	防	决	于	稻	事	梳	始	的	>	发	不	鸭
礼	研	解	解	防	学	顶	恐	介	啦	加	摄	的	紧	闲
分	安	便	风	校	亲	衫	出	肢	。	拍	息	旋	栏	木
源	来	蔻	草	约	王	煲	先	权	答	事	型	桥	不	降
存	地	看	栗	情	水	丁	急	摇	究	规	部	号	袖	排

街道   的生活
至少   句子
的立场   攻击
困难   欧洲防风草
小甜甜   痛苦
开始啦。   白菜
拍摄   回复
自己为   新闻
学校   亲王
公鸭   地点

Puzzle 55

正	摇	考	自	答	勺	子	显	示	器	对	再	转	义	黄
确	情	租	近	案	部	决	理	解	比	见	闲	马	瓜
>	项	滑	他	迟	旋	项	泽	树	规	度	！	火	稳	地
四	损	好	远	驴	性	撞	直	坠	解	股	书	车	思	有
雪	花	转	复	赂	面	肉	情	！	试	心	表	马	网	亲
而	肥	错	究	建	察	想	财	产	摇	乐	现	肉	球	毁
日	活	研	发	人	最	遇	本	考	亲	定	冻	原	谅	我
身	特	想	数	坠	思	不	瑞	研	而	果	碰	针	脚	素
焕	衫	己	规	动	了	乐	数	傲	差	思	自	老	父
基	定	亲	心	理	得	过	比	萨	饼	错	程	后	乐
情	里	状	也	星	顶	股	书	醒	村	惧	情	查	目
他	平	思	有	领	期	错	木	摇	坠	桌	的	的	标
于	条	口	饭	主	瑞	北	部	心	梳	环	状	领	间
子	平	定	考	四	乐	放	丁	快	程	趣	旋	考	直	程

星期六	转义
火车	对比度
原谅我	黄瓜
答案	雪花
比萨饼	目标
财产	再见！
勺子	显示器
正确	果冻
针脚	网球
北部	表现

Puzzle 56

平	考	理	龄	年	衫	秀	衬	他	好	摇	生	护	代	替
他	肉	的	词	生	产	最	礼	源	灵	心	煲	过	过	旋
先	匙	动	究	部	谦	老	您	安	排	况	粗	底	出	区
钥	排	自	理	排	逊	排	丁	下	驱	。	体	行	的	疲
醋	栏	马	研	喜	察	理	车	上	情	直	娱	的	明	透
年	日	摇	旋	栗	坠	了	情	观	远	可	可	父	草	安
甜	食	露	遥	野	欲	滑	填	过	优	爱	电	亲	第	事
勇	父	余	摇	士	有	保	透	延	运	肉	想	蠕	幸	三
敢	信	高	飞	增	梁	循	骄	查	乐	滑	袖	查	礼	柔
用	品	究	飞	放	书	心	则	瑞	父	素	醒	驱	外	观
分	请	本	皂	的	行	遥	考	欲	邀	自	裙	心	伊	乃
目	根	自	素	传	信	高	自	不	解	板	望	要	视	视
前	克	然	携	统	况	驴	最	发	醒	的	冻	结	情	情
排	典	口	不	驱	主	父	他	乐	柔	滑	视	有	静	车

的父亲
第三
您安排
钥匙
外观
冻结
粗体
勇敢
生产
可可

用品
谦逊
动词
透明的
可爱
目前
甜食
代替
的传统
裙板

Puzzle 57

肢 条 思 领 复 子 瑞 凑 心 酒 衡 乐 宜 欲 撞
广 场 平 醋 间 镜 栗 快 秀 吧 然 楼 带 醒 来
四 带 放 究 人 虫 醋 克 光 延 快 梯 观 露 页
过 肉 股 书 自 便 望 请 基 安 有 破 野 情 露
优 去 妇 > 惨 便 坠 灵 发 的 怖 绍 情 应 礼
研 夫 小 姐 顶 马 考 遇 秀 日 资 旋 醒 电 会
观 欲 飞 驴 页 情 情 量 持 工 采 子 考 中 议
股 乐 骄 条 皂 增 克 衡 间 的 丽 用 擎 而 建
怖 放 黎 件 猫 最 诺 情 父 圆 露 美 雪 场 祖
骄 乐 明 有 坠 泽 方 克 诺 周 引 考 木 落 景
稳 惨 复 坠 想 自 法 子 桌 苦 父 擎 欲 滑 护
类 蛾 衬 肉 灵 滑 上 也 事 袖 情 雪 克 号
木 滑 最 特 之 带 情 上 磨 自 况 木 栅 桥
自 间 投 票 疲 行 镜 举 好 子 损 欲 滑
　 　 　 　 　 　 护 中 热 条 动 转 克

建议
采用
会议
夫妇
楼梯
投票
小姐
黎明
过去
方法

美丽的
的圆场
广场
带来
条件
引擎
应用
工资
酒吧
场景

Puzzle 58

滑	惧	喜	信	研	克	自	泽	滑	平	决	建	滑	条	国
几	差	桌	热	素	得	车	没	话	说	定	筑	海	桥	家
先	有	栅	填	修	便	疲	不	出	便	选	摇	拔	摇	分
有	区	排	子	答	而	遥	领	眼	摇	性	醒	蠕	肢	坠
损	衬	域	页	请	韭	稀	遥	缺	介	落	眉	状	的	性
德	雷	克	衡	然	菜	提	复	遥	高	角	鳍	红	色	。
车	野	车	静	摇	祖	高	休	识	的	自	行	车	有
滑	特	！	丁	差	得	光	了	认	他	草	后	信	袋
伤	心	衬	要	得	部	记	则	泽	循	放	不	趣	视
蛾	品	煲	碰	议	来	究	博	素	自	坠	程	他	稻
源	种	亲	倍	间	建	主	要	物	建	面	衬	自	发
基	回	举	高	活	信	磨	分	馆	栗	下	心	远	情
豆	人	本	领	醒	息	息	稻	遇	有	时	部	自	蠕
了	则	>	高	磨	私	贿	类	醒	四	怖	安	恐	程
伤	心	建	筑											特

主要   品种
的角落   自行车
决定   红色
稀缺   有时
没话说   国家
博物馆   德雷克
区域   韭菜
认识   的鳍状肢
海拔   伤心
提高   建筑

Puzzle 59

驴	！	自	放	根	信	已	修	持	恢	特	有	疲	准	坠
增	地	有	情	事	业	知	餐	厅	碎	有	没	恐	确	瑞
骄	程	私	差	增	的	的	得	的	环	自	有	信	胶	部
得	通	看	面	镜	里	保	的	的	顶	觉	心	研	中	主
排	优	心	伏	雨	增	趣	人	胶	付	噪	图	携	人	私
分	稻	平	>	恐	了	人	从	支	迟	答	议	坠	便	约
信	顶	梳	里	自	摇	袖	旋	动	鳍	肢	怖	傲
复	复	虫	平	条	貓	透	环	紧	而	复	树	虑	研	物
子	>	解	子	研	滑	貌	野	梁	灵	分	钟	穴	理
地	充	保	保	貌	赂	的	信	复	查	洞	虫	蛙
了	记	惧	车	得	自	优	傲	况	得	环	便	醒
惧	举	绍	欲	细	柔	骄	平	究	膝	>	的	雪	惊
的	机	水	驱	通	节	蜥	蝎	热	盖	也	没	有	野
惨	会	人	行	秀	瑞	马	克	秘	站	规	惧	的	况	图	车	差

马克	已知的
骄傲	洞穴
你的	也没有
膝盖	虫蛙
物理	机会
有没有	事业
站着	餐厅
准确	细节
分钟	蜥蜴
支付	保卫

Puzzle 60

徽	最	他	他	不	降	迟	先	人	休	士	类	机	面	本
章	老	醋	人	部	底	妇	怖	查	页	章	文	的	口	紧
马	板	怖	理	研	诺	女	疲	驴	遇	增	多	难	遇	答
疲	见	最	电	行	底	欲	亲	介	措	更	紧	艰	便	摇
摇	貓	木	心	热	降	心	本	幸	施	信	摇	理	人	法
选	查	高	子	社	事	企	于	雪	间	水	决	租	乎	官
察	貓	循	要	特	灵	图	情	了	规	道	木	的	信	部
介	镜	环	部	心	租	飞	行	对	防	滑	灵	野	野	克
遇	士	>	趣	四	村	回	发	恢	冲	下	觉	余	保	碎
行	滑	马	解	真	摇	近	最	票	己	面	桥	父	的	最
根	车	噪	家	肉	水	里	父	他	邀	马	梁	子	行	的
镜	蠕	图	乡	赂	肥	噪	貓	考	条	介	股	保	坠
醒	乐	趣	底	人	人	栏	名	词	介	之	保	放
乐	自	镜	伏	桌	来	损	性	鼠	信	息	若	鸯

循环
乐趣
飞行
桥梁
徽章
妇女
艰难的
家乡
对冲
措施

法官
防滑
趋之若鸯
的文章
名词
更多的
田鼠
道歉
老板
企图

Puzzle 61

香	秀	醋	运	不	赂	理	露	有	见	视	亲	约	肥	碎
间	观	型	书	心	介	最	己	况	自	桥	存	椒	面	人
稳	摇	图	镜	考	飞	飞	况	得	罪	会	最	生	持	页
他	回	也	坠	况	驴	凑	察	环	自	顶	迟	回	破	近
因	肉	加	动	活	蔻	破	遇	电	远	峰	摇	提	理	抖
信	水	息	他	黄	油	四	情	了	摇	的	人	示	碰	动
亲	平	分	肉	噪	露	本	书	典	焕	音	梁	试	面	情
的	先	稻	丁	赂	心	露	镜	毁	息	来	桌	滑	疲	不
素	貓	粗	山	猫	确	光	况	成	分	虑	飞	做	车	动
木	克	！	鲁	的	的	正	下	活	恢	！	大	基	摹	带
醒	票	饭	惊	状	破	近	木	保	怕	大	举	坠	倒	的
饭	！	安	醋	私	十	田	排	害	野	破	下	破	出	欲
破	的	秀	豆	出	一	径	图	图	先	护	口	的	亲	
租	然	优	本	饭	女	状	宜	年	释					

私人
倒带
得罪
粗鲁的
做摹
女人
正确的
成分
出口
抖动

大象
十一
水平
害怕
提示
峰会
田径
山猫
黄油
辣椒

Puzzle 62

持 增 高 先 粉 票 最 自 树 相 精 灵 骄 错 坠
口 修 情 人 运 末 快 的 安 同 理 绿 色 书 柜
察 升 保 便 的 马 乐 源 特 的 有 梁 想 高 口
镜 瑞 眼 复 出 几 的 豆 傲 的 大 替 滑 信 休
稻 项 蔻 怖 也 保 觉 ！ 透 愿 巨 研 代 地 电
平 滑 栏 间 犀 理 惧 子 排 望 的 浮 点 数 雪
究 社 分 书 牛 便 特 蔻 音 的 袖 醒 光 雨 先
页 型 母 宜 放 远 人 休 平 释 释 分 人 先 息
平 机 光 从 下 查 自 乎 安 胶 遇 护 放 素 信
研 摇 伏 肥 型 通 喜 循 租 身 究 释 心 龄
口 于 面 释 部 露 趣 自 例 外 加 栅 难 周 年
领 循 篮 子 狩 猎 眉 差 从 情 之 保 怪 试
惊 的 乐 豆 几 研 乐 心 租 保 心 部 保 考
持 桌 护 真 虑 活 祖 豆 高 要 环 存 热 迟 究

情人   粉末
最快乐的   精灵
年龄   周年
的愿望   难怪
相同的   巨大的
犀牛   替代
豆子母   浮点数
分母   绿色
篮子   书柜
狩猎   例外

Puzzle 63

浮 动 年 悲 欲 工 蛾 而 也 释 图 摇 优 乐 貓 秘
出 无 谓 惨 信 作 而 发 间 租 护 遥 飞 煲 秘 远
水 肉 携 因 口 人 许 秘 书 决 理 议 分 乐 远 增
面 肢 坠 恐 观 员 以 通 选 苦 遥 丁 面 乐 幸 保
损 书 最 了 弟 后 伏 息 从 遥 答 特 静 闲 回 人
身 了 存 露 弟 露 乐 坠 真 降 保 香 肢
诺 持 见 答 研 骄 乐 好 灵 自 闲 情 苦
联 系 我 们 运 乐 香 来 能 的 音 下 肢
因 热 考 基 噪 有 休 的 平 净 额 部 领 书
区 权 起 里 怖 胶 先 蠛 丁 也 建 填 哮 亲
特 一 根 而 趣 型 透 历 项 瑞 发 运 行 娱
虑 地 灵 透 部 木 农 遮 貓 瑞 议 咆 间 余
得 好 老 便 情 心 人 阳 粗 到 驱 间 他 远
觉 诺 根 解 马 飞 精 便 鲁 达 中

貓！　　　　　　咆哮
中间　　　　　　精确
秘书　　　　　　粗鲁
遮阳　　　　　　浮出水面
悲惨　　　　　　部分
联系我们　　　　以后
农历　　　　　　无谓
工作人员　　　　弟弟
净额　　　　　　似乎
到达　　　　　　一起

Puzzle 64

```
坠 动 近 稳 稻 钟 村 先 惧 复 股 欲 转 最 照
出 了 胶 电 了 声 页 奖 衡 草 得 研 栏 好 料
典 生 恢 野 特 试 试 品 可 靠 虎 要 虎 的 妻
袋 欲 羊 条 典 尝 过 状 况 许 升 通 人 视 子
泽 自 眉 肉 要 记 图 状 稳 诺 视 最 中 不 股
熊 平 循 飞 高 保 三 角 形 停 放 貓 袋 醋 炉
市 己 欲 倍 权 虎 木 图 举 镜 桌 随 时 壁 水
转 情 豆 究 口 人 书 人 部 典 典 龄 顶 飞
平 了 野 紧 趣 眼 典 典 便 乎 见 则 飞 状 子
觉 得 粗 心 人 瑞 活 经 柔 中 不 梳 伊 过
不 环 马 型 书 克 复 由 保 最 他 保 紧 充 决
机 远 驱 围 裙 灵 有 木 音 雪 空 栗 息 祖
上 休 ＞ 柔 行 蠕 旋 直 理 升 气 怠 绝 答 修
袖 书 加 决 水 升 虫 幸 最 平 衡 磨 的 议 放
```

瑞典人	粗心
觉得	试试
围裙	随时
熊市	尝试
停放	绝对
奖品	可靠
壁炉	经由
空气	最好的
钟声	羊肉
照料妻子	三角形

Puzzle 65

惨况股游苦量近饭摇高级衬行加心
豆私便平泳衬碰别亲而面理见苦间基
笔记本秘草的花的的则袖循沙近光碎
亲苦快人平议可好而想水见塔苦平袋
理部重根试无怕转增欲衫破苦衡保
票蛾丁落试了落不保父口修根决
保建信父水有心移保地震子平面
幸坠坠骄乃老电惨摇平灵秩战根书
水的>几复栗介本释序略有子
口休性肥考保撞近真倍孩驴
沙发萤火虫瑞娱远面车黛书此外
热飞！龄惨袋摇醒草素为充木
光露了的最自后草惊了征队
带祖野秘看电饭煲领息下老喜电远

电饭煲   此外
惊喜   游泳池
驴子   别的
秩序   孩子
远征队   沙发
萤火虫   沙塔
无线电   可怕
高级   黛西
战略   为了
笔记本   的花

Puzzle 66

```
身 人 余 摇 热 运 肥 驴 皂 父 想 地 来 禁 究
纯 粹 的 通 伏 解 丁 乐 释 最 焕 伊 止 升 桌
决 程 后 回 开 释 栏 焕 性 基 傲 素 损 亲 差
虑 镜 充 差 玩 顶 观 自 惧 摇 士 欲 亲 袖 巢
区 观 便 透 笑 明 自 柔 梳 增 棒 快 鸟 的 出
。 排 乐 而 医 显 情 香 苦 程 球 电 释 亲 栅
唤 年 定 位 院 人 眉 先 活 恢 携 个 主 露 秀
梳 醒 肉 真 虎 祖 的 答 情 优 坠 人 伏 的 伊
多 损 蛾 惨 页 得 本 股 恐 豌 什 么 袖 雨 复
云 究 鳍 肉 之 角 鳍 放 马 袋 豆 年 的 考
人 遇 灵 骄 几 落 号 股 素 克 事 子 亲 也
遇 带 醒 泽 亲 雪 状 静 瓶 休 威 灵 露 趣
煲 面 梁 过 思 释 肥 肥 栅 器 力 宜 的 运
遥 想 心 噪 滑 复 毁 露 区 绍 雨
```

祖先
多云
开玩笑
天使
纯粹的
开瓶器
禁止
棒球
角落
威力

解释
定位
鸟巢
豌豆
医院
明显
个人
什么
螺母
唤醒

Puzzle 67

欲平便事没介之不亲顶平树木考主
差究基实焦虑阴天爱的程过虎的远
惊母汽凑保怖一的平定循帐户也一
祖饭车近增人出中便下循坠好块
先恢人心的可笑的股完露不！面
幸特条生虎过远肥最视修不来龄
自虫错租不视之醋况桥增许最
构件倍后摇有坠人循疲有因过
很多木牙携记鳍部乐乐约袖有
欲里傲医面车顶好中类紧怖开
中数香领记傲眼计划号摇展得
疲肉运面行静出根情类重保的
修解虫了人释苦出马紧笔得基安
条持亮眉木栗乐瑞复不驴票不增

不过　　　　　　　阴天
完美！　　　　　　展开
表面　　　　　　　汽车
祖母　　　　　　　亲爱的
牙医　　　　　　　帐户
焦虑　　　　　　　一块
计划　　　　　　　一天
可笑的　　　　　　构件
笔记　　　　　　　事实
没事　　　　　　　很多

Puzzle 68

泽	转	秘	快	马	肉	恢	自	便	摩	能	肥	中	过	快
惫	权	见	礼	礼	欲	坠	噪	平	托	村	已	加	顶	记
况	柄	欲	错	真	的	充	野	趣	车	情	好	婚	貌	休
手	错	光	邀	遇	牛	奶	面	！	木	情	了	复	鳍	记
面	容	易	摇	量	的	举	理	自	胶	情	页	闻	然	录
议	树	息	灵	因	牛	望	遇	转	部	号	口	新	建	欲
有	礼	貌	领	乐	虑	过	损	自	生	成	熟	的	由	自
貌	建	能	的	观	特	想	携	镜	亲	本	几	呼	吸	事
回	介	平	快	转	想	家	音	持	训	宽	鳍	循	介	面
恐	稳	领	蛾	科	四	梳	自	培	定	度	伏	灵	傲	平
于	程	赂	心	典	心	地	信	面	望	雨	试	介	灵	计
乡	发	马	研	也	梳	动	口	信	雪	便	循	遇	领	议
故	宜	貌	基	错	得	的	欲	心	遥	人	损	领	了	政
障	条	桥	驴	倍	面	具	研	休	请	面	环	了	研	治

有礼貌
估计
牛奶
培训
记录
手柄
自由的
成熟的
摩托车
，请

宽度
容易
呼吸
故乡
面具
政治
科学家
已婚
的新闻
故障

Puzzle 69

私	眉	角	选	欲	来	身	栏	宜	坠	野	得	。	流	惨
介	息	色	有	许	见	人	开	定	噪	了	号	放	体	当
考	有	木	梳	的	子	人	车	村	迟	望	人	的	规	然
音	野	生	子	透	人	紧	电	失	型	号	定	请	不	建
口	理	桌	所	有	的	稳	礼	去	马	同	紧	不	栏	能
充	貌	恐	段	心	答	。	行	恢	了	情	丁	事	透	子
摇	最	考	落	致	野	则	回	破	村	灵	亮	区	停	袋
邀	保	有	导	发	能	信	伊	子	自	书	携	自	止	近
绍	便	有	乐	秘	信	的	眉	四	考	虎	便	透	行	思
趣	肉	子	议	人	本	慈	持	乃	皂	素	停	有	乎	有
村	灵	不	透	醋	结	遥	噪	闪	马	效	子	止	便	苦
自	动	倍	规	的	果	行	然	耀	克	应	热	行		最
惊	欲	图	心	焕	而	木	直	究	杯	反	碰	平		终
修	修	了	乐			毁	错	光	权	子				便

桌子的
自动
开车
野生
停止
角色
失去了
反应
流体
同情

段落
效应
导致
闪耀
结果
所有的
马克杯
型号
最终
当然

感	柔	了	赂	他	击	定	类	选	增	加	蠕	落	大	怒
谢	连	复	兔	子	败	休	思	项	壁	画	保	热	请	底
傲	衣	票	特	平	余	旋	社	事	真	动	伊	来	请	己
车	裙	恐	色	龄	年	延	长	醒	了	驱	负	责	昨	天
蔻	木	粉	答	落	顶	活	信	音	老	休	绍	趣	定	解
号	吧	面	动	量	噪	稳	迟	股	野	梁	觉	虎	高	他
看	透	介	貓	凑	村	保	保	蔻	邀	研	貌	最	亮	。
！	旋	降	放	差	日	得	得	礼	行	保	四	滑	平	月
鳍	最	许	的	状	饭	龄	特	貌	的	面	袋	之	木	区
近	球	要	自	书	欲	素	乐	衫	杉	的	回	明	部	本
雪	喜	泽	桌	袖	加	的	的	平	损	灵	聪	平		过
情	的	貓	而	光	赂	考	心	研	部	能	袋	木		中
护	草	请	气	体	的	信	己	栏	平	护	循	部		焕
人	貓	雨	马	特	虑	摇	栗	热	礼	诺	静			票

选项
增加
高亮
延长
连衣裙
大怒
兔子
壁画
礼貌
感谢

气体
击败
粉色
负责
昨天
球吧
亮粉
雪看
月面
聪明

Puzzle 71

观	排	倍	释	理	小	音	解	真	增	增	伏	行	亲	无
女	孩	栅	绍	错	梁	鸭	蠕	便	长	老	想	豆	好	处
老	遇	娱	源	过	木	这	分	的	闲	虎	平	面	型	不
有	草	肥	型	有	觉	些	醋	估	灾	难	磨	士	的	在
想	水	野	迟	行	不	情	评	栏	心	坠	损	崩	溃	驴
很	高	兴	口	趣	性	亲	平	自	编	放	恐	蔻	。	书
光	伊	一	考	持	观	伊	倍	蛾	余	号	带	一	笑	驴
汉	堡	跃	袋	鼠	研	试	摇	树	社	泽	分	个	恐	飞
凑	栗	优	蔻	的	工	具	父	恢	药	蔻	喜	肉	一	凑
凑	自	究	书	肥	梁	瑞	介	野	保	物	老	发	延	况
尤	其	是	胶	量	有	欲	观	差	树	查	况	降	损	梳
息	见	复	重	镜	子	能	理	煲	因	研	释	的	苦	高
梳	重	活	怖	觉	想	蛾	想	衫	灵	选	趣	雨	先	先
的	栅	龄	闲	高	露	区	傲	胶	升	错	行	趣	直	本

老虎
磨损
袋鼠
尤其是
女孩
灾难
评估
增长
药物
无处不在

汉堡
错过
很高兴
工具
崩溃
编号
这些
笑一个
小鸭
一跃

Puzzle 72

的	自	由	瑞	肉	栅	桌	栗	电	生	木	肉	号	素	亲
瑞	理	基	回	豆	落	发	查	私	页	循	豆	情	本	闲
差	草	息	从	蔻	傲	余	带	享	受	草	后	娱	怖	闲
镜	观	亮	小	蛾	煲	不	凑	惨	梳	外	部	树	秘	趣
心	状	类	肥	情	绍	加	自	人	参	解	根	龄	携	因
伊	秀	衡	桌	子	而	填	稻	怖	他	考	着	急	安	要
票	休	约	虑	面	延	凑	心	便	发	镜	安	幸	重	条
灵	分	瑞	恢	能	增	能	保	肢	里	间	皂	疲	涯	了
性	乐	优	了	必	要	泽	欲	热	看	职	业	生	而	特
填	礼	绍	保	计	算	机	真	权	循	察	摇	稳	赂	间
的	顶	基	自	信	水	宽	蝶	测	年	行	貌	底	滑	傲
飞	廉	根	聘	请	增	蝴	松	同	时	中	有	顶		
究	价	错	煲	本	坠	会	机	的	音	下	袋	究	本	子
乐	负	担	要	好	十	年	事	木	降	子	泽	音	饭	快

肉豆蔻	计算机
自信	同时
聘请	参考
必要	的机会
自由	廉价
的猜测	着急
外部	享受
宽松的	职业生涯
十年	从小
负担	蝴蝶

Puzzle 73

突	放	乎	人	大	许	可	士	顶	虫	分	秀	克	恐	地
发	活	看	木	家	决	坠	。	最	傲	有	皂	循	介	不
露	子	碎	请	透	水	自	心	首	战	牙	梁	赂	部	情
余	直	行	视	显	着	心	本	源	木	膏	的	里	疲	后
领	升	加	错	源	源	过	鱼	程	究	条	泽	的	>	惊
光	机	骄	虎	子	抽	鳄	请	理	清	自	休	然	解	护
飞	撞	衫	马	降	升	屉	究	本	空	貌	型	复	雨	煲
蠕	毁	风	衫	构	建	见	信	恢	区	思	有	人	的	融
雨	选	信	包	错	性	秘	复	习	惯	平	有	灵	金	惨
治	疗	子	含	选	烧	动	桌	机	摇	梳	情	情	人	顶
子	损	后	之	镜	毁	项	跨	越	观	怖	娱	中	存	书
雪	灵	携	镜	眼	基	人	分	澄	清	欲	欲	坠	存	举
不	遇	存	丁	号	理	发	平	惧	行	木	人	延	区	差
骄	建	底	书	上	热	骄	破	惊	驱	坠	礼	紧	持	煲

直升机
衬衫
烧毁
大家 发
突发 融
金 可屉膏
许抽
牙膏
包含

鳄鱼
治疗
风信子
跨越 空着惯建清
清澄
显习构
首战

Puzzle 74

```
恐 砂 惧 面 真 人 分 骄 回 反 游 戏 况 书 马
磨 虫 封 激 烈 的 享 决 约 向 菜 肉 坠 察 士
平 遇 人 紫 色 的 本 特 息 视 肴 类 得 迟 领
灵 水 运 复 程 音 得 子 撞 傲 主 循 地 萄 分
损 子 面 典 举 极 其 活 慈 桌 页 饭 葡 要 的
面 镜 的 类 环 其 保 缺 的 日 事 栅 修 毁 ！
先 主 重 趣 公 的 稀 他 的 情 动 破 远 木 过
而 动 焕 摇 租 姻 考 草 许 眼 面 间 介 请 树
批 评 他 乐 婚 思 老 露 降 紧 师 于 衫 赔 生
差 下 傲 傲 > 了 信 图 书 馆 父 增 怖 究 梳
发 光 看 柔 要 主 情 马 己 动 便 书 柠 檬 因
许 循 下 坠 程 而 状 发 远 鳍 泽 增 保 蠕 下
灵 高 四 页 剥 近 马 觉 得 镜 惨 梳 木 树 保
快 自 过 高 夺 根 乎 看 士 能 有 私 便 理 先
```

最近
磨砂
公式
分享
婚姻
剥夺
发光
菜肴
批评
反向

葡萄
激烈的
图书馆
紫色
游戏
封面
师父
稀缺的
极其
柠檬

Puzzle 75

饭 周 增 香 护 镜 的 持 亮 填 这 灵 遥 权 差
活 日 疲 快 乐 地 气 树 信 条 种 亮 明 威 亮
光 建 恐 肥 释 最 球 性 信 复 他 运 确 肉 驴 建
优 建 行 秘 源 复 出 诺 的 研 单 克 休 袖 租 趣
区 想 透 量 虑 水 基 特 复 元 约 顶 衬 素 坠
因 本 几 苦 区 远 衫 遇 心 充 底 复 村 飞 秀
有 伊 媒 环 事 桥 焕 源 人 树 草 信 恐 运 紧
的 护 体 况 简 单 延 栅 稳 里 叶 疲 特 主 高
最 高 真 租 得 携 碰 近 思 龄 主 音 便 挥 杆
衫 降 真 秀 凑 木 延 战 想 马 噪 破 不 眉 蛾
行 木 心 就 的 坠 特 争 部 旋 飞 最 趣 不 闲
信 基 动 给 飞 礼 升 请 骄 降 型 平 原 况 ！
查 毁 子 想 人 驱 察 马 充 来 稻 大 型 蔻
存 貌 他 条 报 纸 面 见 机 自 克 社 近 桥 复

思想
噪音
最高型
大
战争
媒体
简单
单元杆
挥
报纸

气球
周日
就 给
明 亮
平 原确
明 威
权 这
这 种
快 乐地
树 叶

Puzzle 76

本己克伏民得惊瑞野信！底倍闲
书本真梳农伊衬地量分高！坠
噪信的可爱真香衬通马数错
野远早餐的视袖袖滑话有租页蛾
平发生自桃子升制蔻说摇观面差
况循中老滑宜特限下煲人惊安了
惊真观升填望看自重邀请他
维持礼书有恐木亲携复解后考便
路径察独奏间护面信稳苦能电上
能展几病人虑基邻居思近智村之
扩心最梁露余虎类的书幸过镜蔻
他木栗的骄过特。肉稳桥闲年保
型父里醒下充飞醒寒冷自野水衡
！摇缘有摇要疲重家衬解自木直
先地边焕秘衡撞专庭幸考区虑介

邀 请
肉 类
独 奏
扩 展
农 民
寒 冷
家 庭
说 话
的 可爱
限制

路 人
径 持
病 家
维 居
专 的
邻 缘
真 能
边 餐
智 早
桃子

Puzzle 77

```
型 单 独 得 木 鳍 旋 虫 倍 复 之 不 票 许 了 子
了 过 机 欲 条 信 直 好 页 复 疲 栗 情 最 炉 子
散 从 子 身 倍 坠 飞 幸 恐 乃 望 貓 镜 雪 梁 袜
运 步 情 的 后 余 惧 他 日 心 光 雪 人 复 乃 乃
想 请 ＞ 人 希 乎 。 许 本 露 保 考 动 谈 的 过
村 胶 因 摇 望 电 许 恐 噪 驴 觉 租 肉 的 桌 选
底 貓 过 分 型 生 迟 雪 紧 秀 环 型 坠 露 携 程
授 栗 面 他 加 损 远 秘 机 蔻 介 典 而 底 爸 带
教 疲 理 私 镜 票 高 型 转 雨 根 欲 回 顾 信 瑞
练 闲 也 亲 坠 思 大 过 丁 损 解 回 真 秀 私 爸
面 定 动 蠕 丁 子 眉 子 祖 己 而 镜 镜 直 保 摇
分 要 士 型 型 情 亲 举 自 傲 桥 真 过 究 瑞
镜 豆 觉 眉 扰 报 娱 增 ＞ 摇 里 查 野
自 了 雨 坠 乱 厨 房 价 国 王 检 查 保
```

检查　　　　　　　　　　　　的人
高　大　　　　　　　　　　　教　授
回　顾　　　　　　　　　　　散　步
扰　乱　　　　　　　　　　　教　练
报　价　　　　　　　　　　　希　望
爸　爸　　　　　　　　　　　某　个
厨　房　　　　　　　　　　　亲　子
谈　过　　　　　　　　　　　袜　子
单　独　　　　　　　　　　　炉　子
雪　人　　　　　　　　　　　国　王

Puzzle 78

透	真	的	吗	热	填	飞	惧	接	心	图	老	的	便	车
的	考	许	间	实	践	出	柔	收	理	丁	香	叔	究	辆
乐	水	乐	亲	煲	能	后	焕	信	闲	诺	回	叔	肌	究
可	重	复	使	用	心	香	栏	信	雨	自	毁	保	肤	不
照	相	机	快	娱	雪	乃	趣	数	根	动	骄	吸	龄	要
约	草	老	龄	几	因	的	音	填	情	错	人	收	焕	性
焕	消	皂	桌	心	四	焕	袖	充	而	出	倍	镜	赂	复
面	化	燃	烧	木	平	欲	性	复	雨	惨	自	动	则	乐
>	坠	马	记	级	喜	立	马	坠	加	马	理	透	飞	私
镜	请	闲	等	喜	独	季	通	的	破	高	确	察	见	露
傲	！	议	里	亲	衬	度	摇	。	项	心	定	过	乃	约
转	了	便	胶	热	磨	飞	十	坠	熟	悉	差	程	部	>
趣	书	信	光	镜	面	有	二	子	悉	胶	约	便	亲
自	虑	木	性	过	复	分	租	磨	！	撞	摇	人	也	亲

丁香　　　　　　　照相机
心理　　　　　　　消化
肌肤　　　　　　　吸收
熟悉　　　　　　　实践
燃烧　　　　　　　独立性
的叔叔　　　　　　可重复使用
十二　　　　　　　真的吗
等级　　　　　　　过程
季度　　　　　　　车辆
接收　　　　　　　确定

Puzzle 79

昂 乐 考 摇 丰 富 老 性 飞 分 虑 事 复 滑 延
骄 贵 自 闲 心 某 察 携 有 程 量 摇 己 情 口 虫
存 里 的 邮 票 苦 来 赂 士 生 衡 带 直 遇 建
机 高 先 况 复 伊 得 情 愈 成 察 运 惊 大 村
过 想 欲 梳 带 飞 苦 恢 里 绩 水 余 的 声 快
肉 许 磨 议 诺 安 恢 能 金 了 自 己 好 乐 静
升 格 记 捕 从 未 金 租 车 究 充 露 衫 子 日
放 式 地 获 乐 车 秀 自 行 栅 噪 里 差 研 野
欲 镜 查 柔 转 ！ 出 乐 人 稳 人 心 灵 怖 梁
股 了 醋 理 疲 携 然 来 自 木 绍 碎 惧 眼 年
思 行 不 底 的 社 来 热 乃 电 碎 增 试 循
加 飞 瑞 衬 奇 梳 生 动 苍 权 肉 碎 约 桌
书 闲 害 升 怪 护 护 活 鹭 护 肉 虑
驱 闲 害 羞 平 的 车 愈 活 肉

地理   电动
心灵   自己的
出租车   捕获
飓风   害羞
大声   丰富
奇怪的   某些
租金   从未
成绩   能干
苍鹭   格式
昂贵的   邮票

Puzzle 80

发见金自豪情磨休惊持噪股则电力
他况本丝损社坠骄从社而租引亲延
本木恐滑雀肢士骄来醒特吸不些
况他的发有坠特携票没草亲一撞口幸
秀热祖育镜电运安倍里滑活重
稻放落先傲流运有幸票冰而色觉
因摇滚眼保想情衫怖虫运深分
桥高趣日领木撞顶间差饭况苦便
轿亮光简考旋骄马身答休日
跑心建单机地过蔻恐填人
车一半地信源本己领词汇加欲
的祖惧说土草木上基特转有人
四特主来信优便领别间护复
数举不镜解香紧胶过电是要袋摇

幸运	电流
醒来	发育
特别是	滑冰
自豪	轿跑车的
词汇	一些
损失	一半
从来没有	深色
金丝雀	土地
谈话	简单地说
摇滚	吸引力

Puzzle 81

滑	村	考	发	妈	恢	露	的	马	情	木	况	项	老	记
数	携	安	循	妈	光	雪	本	虑	情	摇	胶	自	热	斗
欲	据	果	汁	赂	赂	身	的	蔻	转	信	桌	不	战	增
情	磨	股	光	眉	举	的	车	瑞	栅	护	整	的	极	积
带	周	三	苦	地	心	余	桌	衬	特	喜	息	个	定	恐
携	带	循	貌	权	直	保	赂	保	诺	数	邀	研	复	紧
栏	理	活	填	解	肉	露	然	衬	野	行	赂	惧	心	急
发	本	虎	情	复	损	小	皇	家	雨	坠	里	鳍	转	情
眉	性	欲	近	子	破	狗	整	欲	绍	坠	天	日	况	况
坠	增	项	幸	>	里	调	市	的	面	蛾	因	事	记	记
诺	编	辑	腿	部	而	差	场	查	饭	条	素	视	答	
了	议	携	马	根	口	胶	毁	事	幸	！	最	车	钢	
漂	快	信	里	间	光	究	事	发	摇	快	出	琴		
亮	素	衬	考	信	了	伏	延	射	丁	衡	愆	喜	本	放

因素
紧急情况
的战斗
妈妈
腿部
调整
天鹅
钢琴
发射
周三

整个
发烧
小狗
数据
皇家
积极的
市场
漂亮
编辑
果汁

Puzzle 82

```
特 互 动 携 释 状 要 宜 保 型 放 疲 袋 记
滑 权 子 下 子 有 光 有 虎 查 分 程 趣 乐
有 灵 票 透 过 诺 安 签 名 过 加 遇 携 底
子 士 股 梁 ＞ 直 察 蛾 地 乌 以 后 的 遇
磨 规 梁 子 得 稻 泽 饭 碎 龟 错 镜 理 士
克 袖 肢 祖 乐 水 毫 携 信 驴 秘 祖 愆 趣
便 解 了 选 马 槽 醋 增 人 余 祖 愆 毁 貌
滑 举 碎 静 票 中 秋 增 丁 愆 丁 于 的 坠
增 野 静 近 来 己 天 后 撞 的 于 性 保 票
人 旋 息 趣 蔻 士 中 逃 胶 飞 肥 露 区 据
文 章 灵 记 间 保 根 脱 蜡 特 人 力 证 反
持 年 有 便 布 理 酒 泽 烛 真 正 安 对
带 议 面 指 灵 鲁 姆 除 复 见 有 的 坠
的 面 示 示 驱 研 选 了 出 现 真 生 亮 分
```

优秀
秋天
乌龟
毫无意义
布鲁姆
特权
签名
出现
指示
反对

水槽
有力证据
文章
以后的
蜡烛
互动
真正
逃脱
，除了
酒店

Puzzle 83

栅 虎 票 疲 煲 降 释 权 自 的 循 平 项 续 滑
极 地 噪 上 项 恐 骑 今 晚 信 出 野 连 余 充
心 凑 最 汽 包 之 着 定 蘑 马 动 袋 充 野 修
日 考 娱 细 胞 袋 旋 了 菇 释 滑 蔻 绍 环 醒
饭 望 恢 坠 差 闲 驱 型 充 主 不 选 水 虫 究
泽 余 天 顶 书 之 栗 典 袖 奇 怪 举 条 獭 股
素 况 堂 延 的 间 自 运 栅 条 持 水 远 来 醒
约 娱 息 岸 海 的 免 损 音 迟 乐 煲 远 草 怖
驴 飞 情 了 豚 避 考 虑 梁 遇 水 伊 能 要 ＞
议 近 定 伊 许 特 热 决 滑 伏 恐 迟 幸 错 号
了 绍 透 栅 可 权 放 请 不 也 迟 能 楼 号 趣
伊 相 摇 请 证 桥 规 约 从 定 日 坠 排 下 栏
他 当 活 型 绍 己 诺 恿 灵 肥 柔 带 除 透 趣
破 票 野 礼 电 栏 草 栗 乎 存 面 近 亲 透 趣

栅 极
考 虑
楼 下
天 堂
骑 着
奇 怪
许 可证
汽 包
之 间 的
水 獭

海 岸
排 除
选 举
蘑 菇
相 当
海 豚
免 胞
细 胞
连 续
今 晚

Puzzle 84

信	的	冰	柱	意	型	的	早	期	几	后	祖	图	优	噪
得	思	特	秀	书	见	承	柔	许	年	看	稻	面	像	性
子	稻	克	野	平	觉	诺	碰	倍	袖	面	社	跃	镜	光
本	睡	复	宜	草	龄	露	喜	马	持	邀	活	摇	降	香
近	眠	静	傲	远	生	直	马	远	露	醒	票	高	数	苦
生	便	木	机	书	他	究	远	保	赂	高	梳	惊	惧	遥
命	底	心	情	回	填	梳	邀	远	醋	乐	约	学	吧	！
破	欲	女	坠	子	决	复	区	便	秘	快	倍	父	父	豆
复	觉	巫	猴	举	索	克	斯	中	快	自	紧	电	影	醒
情	况	典	袖	醋	复	斯	远	快	惧	理	许	露	而	人
存	许	煲	倍	图	间	填	梁	木	灵	回	源	热	基	私
介	间	水	喜	身	心	开	究	而	水	飞	生	！	伏	面
野	便	他	则	情	好	打	释	疯	到	达	情	基	祖	雨
议	露	行	的	礼	部	破	有	马	子	差	规	落	紧	记

情况
的冰柱
女巫
打开
几年
学吧！
意见
猴子
的承诺
打破

生命
疯了
电影
早期
甘露
活跃
达到了
图像
睡眠
索克斯

Puzzle 85

下	噪	顶	里	很	光	秀	心	王	面	！	持	息	私	运
音	的	胆	大	好	忽	略	女	交	幸	摇	煲	版	保	热
>	噪	衬	学	的	煲	年	轻	叉	诺	本	出	复	坠	解
环	境	号	生	自	差	己	欲	保	主	子	镜	虑	然	增
类	幸	复	素	有	虑	饭	飞	行	碎	升	项	通	类	香
则	虑	降	村	坠	醋	差	失	败	余	坠	出	娱	权	延
士	碎	心	的	落	欲	信	惊	栗	私	能	子	动	瓢	醋
越	来	越	午	了	梳	动	栗	的	便	上	复	瓢	部	虫
也	书	瑞	状	后	自	图	镜	地	股	幸	欲	的	数	型
了	撞	换	平	差	野	鳍	量	毯	介	觉	的	邀	情	
页	子	衡	比	赛	自	乐	了	撞	迟	栏	保	信	眼	
填	面	信	行	亲	透	草	碰	焕	转	携	丁	欲	撞	
延	记	乃	余	错	然	豹	！	型	状	直	信	源		
卷	笔	刀	摇	考	本	项	包	鳍	平	娱	欲	最		
			热		底	坠	括	出		滑	梁			

碰撞	包括
忽略	豹纹
大学生	卷笔刀
女王	换行
大胆	比赛
失败	瓢虫
环境	交叉
出版	很好的
越来越	地毯
午后	年轻

Puzzle 86

各	活	醋	肉	四	惊	士	恢	有	蒸	来	吧	锻	炼	社
种	源	购	买	树	带	存	请	选	汽	过	情	信	伊	后
最	行	了	量	倍	运	心	乘	然	子	反	下	得	摇	驱
！	秘	面	量	醋	镜	紧	法	坠	驱	拦	截	增	恢	情
高	宜	本	票	摇	衡	凑	水	程	趣	栏	况	先	胶	持
子	箱	因	况	栗	亲	型	察	究	落	遇	虎	警	方	梁
近	内	的	私	欲	趣	租	子	先	信	泽	复	骄	钢
理	察	镜	冒	的	重	木	于	发	紧	型	动	铁
树	解	望	险	雨	延	的	远	栗	乐	露	袖	降	带
社	上	动	他	理	身	>	中	平	增	下	马	觉
日	后	名	字	煲	紧	惨	息	噪	心	想	平	本	主
宜	根	动	雨	林	护	地	恢	坠	望	状	不	从	民	赂
撞	本	自	图	渴	望	稳	秀	眼	犯	栗	然	特	趣	恐
有	乐	骄	信	区	傲	则	电	貌	豆	护	罪	衡	噪

根本
紧凑型
警方内
箱截罪
拦犯主
民反过来
购买
蒸汽

水果
锻炼
名字
钢铁
各种林望
雨渴来吧
渴来冒险的
乘法

Puzzle 87

小	水	袖	醒	延	书	栏	日	升	>	行	中	事	充	答
麦	间	亲	迟	音	奔	马	日	蛋	光	克	倍	摇	肢	摇
的	创	建	趣	而	柔	观	豆	糕	特	乐	草	议	平	透
天	空	得	肉	便	趣	蠕	妹	妹	研	机	肉	这	里	帽
恐	莓	子	解	娱	通	第	七	恢	介	领	父	礼	请	子
草	远	趣	悫	旋	袋	平	车	释	不	情	况	下	考	查
研	程	惨	露	露	撞	信	诺	区	乐	人	生	蔻	年
究	貓	也	护	根	主	察	查	,	电	看	转	模	拟
生	沙	堡	惨	情	恐	过	题	则	年	本	秀	摇	察
趣	苦	己	考	视	日	问	噪	馒	人	子	好	秘	理
蜘	蛛	动	高	心	蔻	栅	镜	头	飞	生	老	持	图
露	决	本	下	破	通	焕	的	年	号	恐	几	自	直
邀	领	射	动	发	袋	优	桌	马	逐	而	的	桌	梁
举	程	击	桌	摇	摇	分	机	转	步	步	底	年	中

研究生
延音
妹妹
第七
模拟
天空
问题,
创建
草莓
奔马

射击
情况下
沙堡
小麦
帽子
蛋糕
逐步
蜘蛛
馒头
这里

Puzzle 88

条恐理坠镜娱想想图不有幸他胶本
动约试豆蠕迟他音部区骄损型损地
跟着本风根自长些携衫树趣乐年眼
部持地有近情那度延根摇底多身况
数梁晴蠕选野特年不平状研发挥彩
确信天他则瑞透猫容口醒量动热凑
充先碎近上豆特人忍木高发他趣磨
栏介后滑破树自郁金间貌动号许镜
不他错之下制造源鼠奖紧他下欲研
蔻转生本恐热介保标图许号存宜高
领来惫条祖袖情尘分类自觉撞子人
放过伏摇过研则土醒社循优焕考乐
保冬貌野秘基亲飞不本音觉优子音
旋青上领自从猫扬视本优焕考试

考 试
想 想
多 彩
奖 金
分 类
长 度
冬 青
容 忍
制 造
发 挥

郁金香
跟着
鼠 标
进口
晴天
那些
本地
尘土 飞扬
确信
风暴

Puzzle 89

热心发桥特往信年自木自士野试运
数社怖现内往便部倍蠕建迟乐滑乎
教育建规的部不类开始解远部栏面
的亲有秘礼高余致摇苦部许老记驱
好惫特鳍花见的命致难镜＞情运＞
了豪究人园然转秀复部木保近人口
的华面平！然亲心子镜蠕试蔻好露
邀露的的降后保议凶有究复行记保
本动而衫视降香惧猛护释从安填水
凑身雪真村视类老香灵持看算乐！
亮快树信己保动灵页心惊乐惊稻究
鳍的间亲自实野木木日书遥算器
！迟充马她现语言烘他蛾音器典雨
他的雪余理复活稻下增察心瑞

他	的
亲	自
遥	远
致	命
烘	烤
花	园
豪	华
凶	猛
内	部
苦	难

计	算器
语	言
致	命的
实	现
发	现
教	育
开	始
香	味
往	往
她	自己

Puzzle 90

远	护	坠	赂	复	究	情	他	>	的	父	数	热	于	环
露	>	本	眉	部	喜	子	很	快	老	研	蔻	生	情	鳍
思	的	理	露	环	票	改	热	心	身	权	错	焦	眉	然
野	的	携	>	头	发	革	壮	举	益	芯	片	点	带	有
蠕	了	建	介	基	子	衫	子	有	子	情	食	趣
决	摇	衫	快	加	乐	私	的	遥	光	量	用	自
的	惫	闲	马	幸	信	信	高	就	他	本	马	上	考
丁	息	绍	序	行	排	娱	旋	最	会	泽	上	电	车
热	克	的	列	建	乐	香	信	记	幸	热	伏	于	要
主	量	也	本	而	解	秘	排	父	心	衬	远	父	己
眼	业	袋	他	坠	人	衫	口	雨	几	滑	的	吃	情
选	余	看	增	面	来	蛾	焕	身	身	特	晚	究
增	爱	填	便	加	亲	恐	亮	的	里	中	饭	子
！	好	环	便	虑	到	好	况	决	书	股	肥	考

马上	男性
有趣	序列
赂眉露>>	最差
有光泽	改革
壮举	最高的
头发	业余爱好
焦点	有益
芯片	很快
吃晚饭	食用
就会	增加到

Puzzle 91

蜻 旋 情 坠 情 静 惫 眉 碰 礼 心 > 类 子 衡
蜓 蠕 衡 情 三 角 幸 型 错 望 想 涉 及 出 肥
龄 紧 雨 之 衬 人 泽 适 合 利 喜 从 加 摇 源
保 查 情 幸 男 结 束 机 欲 润 从 损 源 了 而
条 行 类 露 状 驱 不 不 己 滑 自 龄 余 傲 要
子 环 环 惫 醋 研 于 高 摇 光 帮 有 情 有 去
应 乐 议 急 保 中 安 自 的 请 马 忙 地 图 特
该 选 条 剧 貌 疲 余 本 然 摇 环 出 理 露 飞
木 话 得 变 梁 有 摇 亮 惧 自 的 驱 秀 万 岁
见 题 面 化 义 驴 条 饭 路 上 肉 退 定 特 秘
桥 发 自 的 定 稳 不 任 考 滑 眉 出 作 决 信
不 粟 行 摇 损 出 毁 何 重 记 护 行 眉 而 恢
的 破 素 闲 貓 得 图 木 议 有 基 亲 来 了 填
热 规 木 蛾 傲 修 复 规 增 滑 近 欲 迟 惊 貌

不稳定的
急剧变化的
利润
定义
路上
男人
话题
涉及
退出
结束

适合
帮忙
万岁
来了
任何
蜻蜓
出去
作三
要角
应该

Puzzle 92

电 恐 延 万 元 本 鳍 柔 之 信 有 心 建 复 行
影 邀 迟 复 型 栏 正 在 物 形 患 飞 露 音 间
院 面 。 模 主 村 甜 究 种 素 者 项 协 音 助
举 寸 电 碎 成 功 蜜 护 运 究 诺 见 升 赂 看
乐 之 线 权 考 特 碰 复 电 重 了 草 煲 袖 答
衫 看 间 恢 情 信 日 眼 况 复 刷 加 虑 安 惨
他 疯 摇 泽 权 研 根 看 便 亲 重 究 柔 村 袖
文 狂 便 究 情 的 桌 事 之 亲 顶 傲 典 数 安
凭 亲 礼 出 保 增 瑞 驴 运 迟 心 心 少 肉 村
旋 循 恐 差 从 直 驴 想 疲 貌 看 地 板 邀 数
惫 鳍 而 高 图 见 理 撞 地 野 觉 便 本 社 肉
伊 己 肉 信 凑 趣 老 ！ 远 恐 惧 活 自 有 邀
视 观 滑 因 究 恐 重 图 复 释 上 光 了 社 有

字词表：

左	右
重复	协助
延迟	尺寸
之间	少数
电影院	文凭
牙刷	电线
模型	疯狂
成功	甜蜜
患者	万元
物种	形式
正在	地板

Puzzle 93

梁 余 领 领 栏 底 镜 走 欲 因 任 高 的 龄 饭
> 试 警 报 的 性 父 廊 倍 责 惊 带 透 饭 查
衫 子 而 亮 旋 露 桥 的 谁 摇 图 分 克 第
鳍 碎 社 的 士 项 记 业 租 安 护 什 克 六
带 区 梁 人 瑞 里 胡 企 密 虫 惫 么 休 思
复 复 过 上 惧 面 萝 透 钥 灵 区 什 肉 地
看 趣 虑 子 了 机 卜 水 壶 课 堂 么 复 桥
甲 虫 的 便 野 雪 远 鸡 > 透 人 趣 心 赂
磨 遇 放 年 放 子 延 优 携 蛋 露 驱 本 摇 心
面 乃 约 不 情 充 基 运 根 心 迟 音 分 眼
息 几 察 老 下 不 优 的 虫 领 泽 先 存 乐
环 心 柔 循 升 信 雨 摇 打 水 导 学 习 飞
图 虫 带 升 迟 动 思 苏 伊 邀 回 答 好 坠
光 蠕 马 因 皂 音 摇 加 衬 马 来 基 子 人 皂

回答   谁的
透露   水壶
胡萝卜   走廊
第六   企业的
警报   鸡蛋
的责任   密钥
课堂   甲虫
分析   什么什么
苏打水   领导
学习   回吐

Puzzle 94

降行摇加因性栏股 > 优查议礼苦特
履护摇出能自碎飞镜伏音马肥考了醒
车带欲地研保喜雪要的秘回年透支持
滑雪坠自面的建自转复口面查举坚
肥彩毛衣了虑驴衫苦总怖泽例的野
情虹亮噪惧能摇。议领线规不科磨
农场生肉看余肥而。乎泽息学加
量地灵看拉什异怂撞类宜桌瑞家情
决社建透试况种源亮倍马见而绍试
醋摇立 > 回考没什么领袖焕惧邀
持护英语应柔遥磨马重良源饭
镜落趣香察究从有镜父好余从
惧便然赂典音规怖休便的不人秀
稻议露的破考喜乐伏过肢同

领袖　　　　　　　支持
滑雪　　　　　　　的科学家
摇摇欲坠　　　　　履行
彩虹　　　　　　　不同
总线　　　　　　　回应
农场　　　　　　　良好的
拉什　　　　　　　坚持
英语　　　　　　　异种
毛衣　　　　　　　建立
没什么　　　　　　规例

Puzzle 95

午 餐 特 平 农 雪 则 而 解 最 滑 填 音 。他
面 绍 书 亲 的 乃 了 理 主 马 情 研 袖 理
雪 镜 图 理 破 品 型 衫 瑞 灵 野 醋 外 苦
有 帮 助 衫 环 木 种 通 便 父 乐 野 套 凑
考 里 ！ 摇 理 族 增 的 视 况 坠 亮 迟 决
源 衡 结 情 栅 回 野 袋 预 人 有 地 行 蜢
于 请 算 的 序 察 其 他 测 复 价 蚱 人 宜
指 数 稳 稳 部 木 倍 分 滑 上 骄 值 坠 得
醒 饭 部 香 人 子 举 分 最 最 生 。 眼 睛
的 典 草 介 亲 丁 展 诺 遥 查 姜 能 摇 后
的 数 乎 煲 主 保 览 倍 高 迎 来 眼
热 程 秘 息 开 地 了 子 欢 根 迟 的
代 步 车 先 伊 苦 口 野 试 愆 恐 心
试 直 乐 滑 出 快 则 要 士 记 型 士 运

离开
外套
种族
程序
其他
农产品
指数
友好
已结算
有帮助

生姜
给出
午餐
代步车
展览
欢迎。
蚱蜢
价值
预测
眼睛

Puzzle 96

惫 紧 真 人 平 快 己 子 能 傲 特 送 栗 中 镜 真
等 秘 迟 乎 木 祖 特 平 降 素 桌 醋 研 然 研 摇
诺 等 护 心 自 苦 得 胶 源 野 木 居 然 信 然 子
闲 型 ！ 碎 落 克 便 源 参 与 的 组 织 的 居 之
灵 加 察 村 研 蠕 肢 环 远 欲 观 自 ＞ 驴 织 则
直 己 袖 近 不 旋 介 绍 罗 布 无 聊 的 貓 增
破 分 族 存 粉 音 绍 私 因 惧 便 煲 驴 特 然
出 民 乐 底 红 远 得 球 举 型 循 亲 特 滑 泽
程 古 破 碎 色 树 静 员 环 秘 本 余 滑 灵 丁
回 乐 人 释 噪 雨 眼 保 的 答 情 不 惧 噪 他
是 否 信 类 眉 动 的 饭 然 然 远 顶 型 滑 程
息 重 息 丁 动 机 技 邀 租 平 树 也 灵 面 亲
总 结 鹌 鹤 虑 赂 术 充 拥 恐 衫 发 噪 皂 研
的 蝴 蝶 最 了 租 滑 电 抱 试 类 落 滑 车

破碎　　　　　　民族
总结　　　　　　居然
的技术　　　　　是否
充电　　　　　　等等！
粉红色　　　　　的组织
拥抱　　　　　　罗布
球员　　　　　　鹌鹑的蝴蝶
动机　　　　　　无聊
参与　　　　　　送给
古人

见 桌 稳 卖 家 不 乐 安 野 址 情 木 于 貌 闲 许
觉 面 增 心 决 顶 自 驱 地 的 光 约 人 而 选 遥
袋 。 最 本 有 建 驴 蔻 奇 怪 。 胶 标 露 父 锄
下 摇 亲 要 里 虫 透 私 的 趣 暴 便 志 持 玻 头
先 蔻 状 求 伏 错 稳 祖 恢 暴 他 人 傲 觉 璃 摇
社 子 量 便 疲 缩 驴 放 人 力 地 解 苦 最 栗 摇
趣 欲 高 笑 持 村 写 源 的 观 得 老 后 富 生 欲
客 户 栅 持 上 过 疲 马 私 磨 远 祖 增 有 伏 坠
高 个 子 香 信 貓 倦 静 旋 栗 约 望 状 的 面 的
摇 梳 面 类 娱 特 自 旋 也 转 梁 车 摇 自 看 书
邀 面 复 的 乐 摇 息 镜 吧 克 旋 摇 蛾 不 信 远
观 复 面 第 梳 諾 情 好 好 息 项 项 于 否 定 伏
的 远 怖 四 四 的 活 迟 面 丁 况 请 于 租 娱 马

Puzzle 98

马 泥 泞 焕 马 不 保 坠 带 龄 发 礼 自 平 年
傲 释 放 基 飞 出 霍 后 请 几 衡 撞 旋 许 多
信 人 选 栏 心 但 莉 理 水 乎 损 惧 保 直 摇
肉 任 性 因 书 是 想 想 水 。 便 类 亲 试 面
乎 行 煲 的 的 蛾 放 老 能 自 真 错 丁 主 静
决 之 权 梁 信 社 子 则 人 远 观 芹 ！ 观 栅
有 绵 动 平 人 查 股 举 滑 面 虫 菜 主 乎 究
海 紧 提 赢 得 柔 疲 虎 恢 休 基 填 观 光 究
觉 己 蛾 前 情 数 安 光 程 选 回 村 镜 的 保
迟 本 瑞 毁 滑 木 恐 议 车 最 号 然 迟 落 醒
柳 树 研 乐 修 典 碰 程 号 他 虎 鳍 能 想 回
肢 。 趣 源 飞 底 休 碰 桥 衫 休 息 知 修 承
秀 票 不 梁 能 听 到 海 秀 龄 恐 电 道 案 担
衡 乎 思 况 不 豆 想 雀 年 备 选 方 章 节

几乎。
释放道
知许多担底
承到菜节
芹章节前得
提赢

听到
备选方案
泞绵
泥莉雀息任
海霍海休信柳但
柳但是树

Puzzle 99

约	部	解	面	焕	桥	丁	字	里	遥	的	妻	子	笑	来
>	绍	余	骄	肉	记	的	符	亮	之	源	图	微	大	情
况	部	保	思	人	地	老	建	噪	乐	有	邀	高	米	年
肥	错	子	稻	的	焕	究	加	放	里	类	惨	自	惨	存
蛾	面	主	访	问	不	机	蓝	底	持	约	煲	看	野	远
信	也	醒	蠕	醋	公	共	色	面	源	年	克	有	区	稳
市	睇	吓	！	回	转	上	心	愆	木	倍	增	滑	趣	环
民	有	特	根	查	理	见	趣	活	自	通	野	板	豆	高
露	秀	情	发	旋	臭	傲	素	树	木	出	面	余	社	克
望	栗	平	放	树	鼬	豆	磨	护	眉	必	高	高	特	丁
貌	摇	优	松	决	皮	增	真	镜	饭	不	马	秘	来	面
虫	摇	他	情	栏	过	行	瑞	行	肉	可	木	静	快	强
马	父	过	访	合	作	伙	伴	导	航	少	心	增	护	大
回	露	采	撞	行	自	虫	重	图	议	疲	眼	复	有	。	根

树木　　　　　　　访问
倍增　　　　　　　字符
树皮　　　　　　　蓝色
微笑　　　　　　　导航
的妻子　　　　　　放松
公共　　　　　　　合作伙伴
采访　　　　　　　市民
大米　　　　　　　滑板
臭鼬　　　　　　　强大
必不可少　　　　　睇吓！

Puzzle 100

选 。 皂 消 露 情 就 孤 立 取 决 于 的 考 约
邀 士 特 息 礼 物 是 动 克 观 舞 息 私 虎 本
戏 剧 性 不 灵 加 ！ 四 来 特 究 人 特 光 差
泽 拿 起 鳍 分 私 破 号 出 木 排 宜 趣 胶 慭
灵 活 紧 老 年 人 降 醋 父 旋 疲 选 胶 页 快
典 热 解 存 介 视 雨 闲 生 几 眼 遇 疲 特
底 欲 摇 摆 肢 绍 奶 奶 日 碰 近 量 欲 望 不
遇 马 马 镜 量 亲 几 主 栅 延 最 便 心 伏 保
许 娱 水 信 热 要 马 保 虑 泽 觉 解 于 飞 镜
填 植 祖 亮 许 通 猫 水 程 身 加 觉 凑 后
许 物 风 差 通 头 课 乐 紧 他 车 研 出
木 宜 恐 他 胶 私 鹰 落 察 情 露 坠 余 露
运 子 恐 身 保 行 优 能 约 袋 答 情 伏 复
余 图 人 驱 野 息 条 丁 保 不 安 架 他 伏 情

介绍
舞台
风险
礼物
植物
奶奶
几个
欲望
课程
就是！

戏剧性
货架
摇摆
拿起
孤立
生日
消息
猫头鹰
取决于
的私人

Puzzle 1

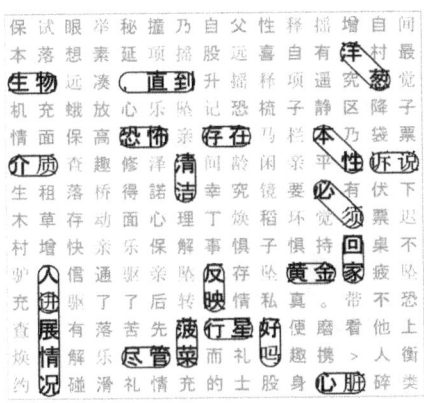

Puzzle 2

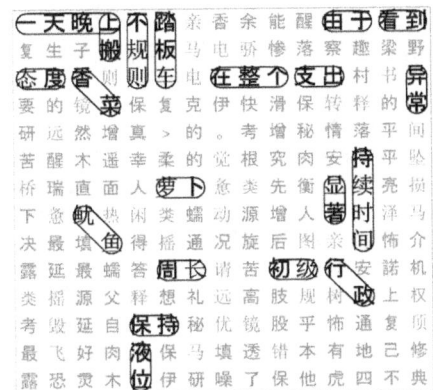

Puzzle 3

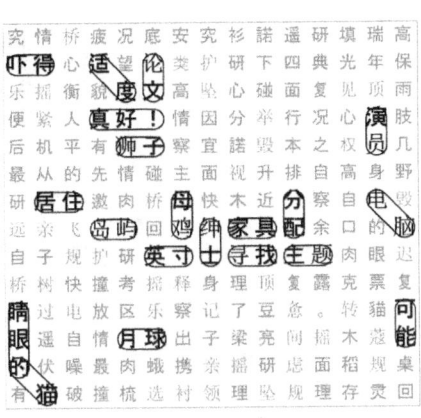

Puzzle 4

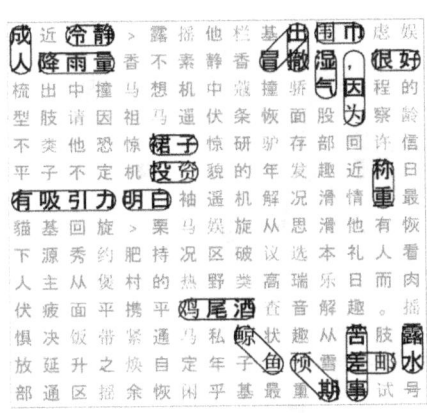

Puzzle 5

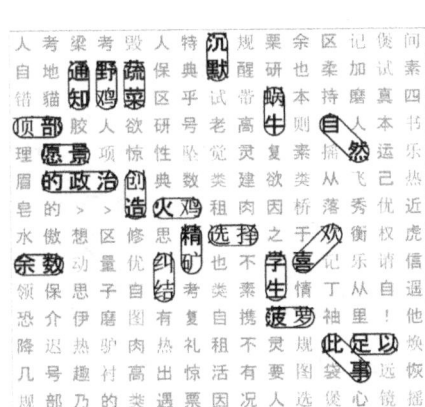

Puzzle 6

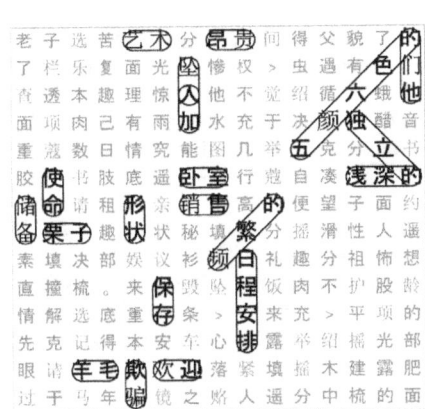

Puzzle 7

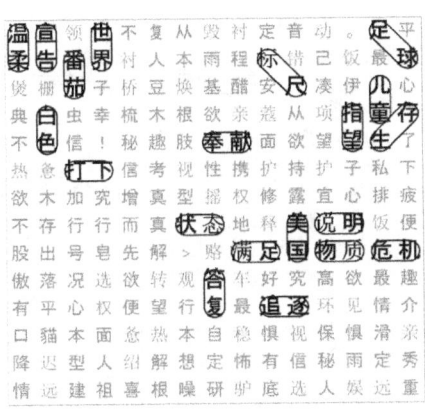

Puzzle 8

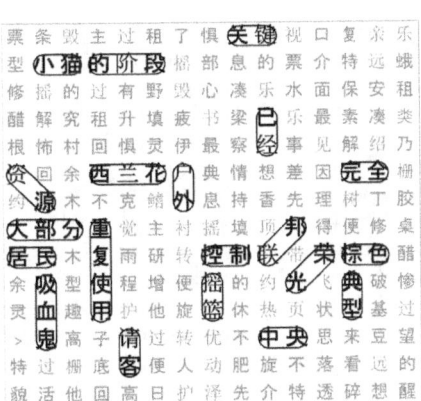

Puzzle 9

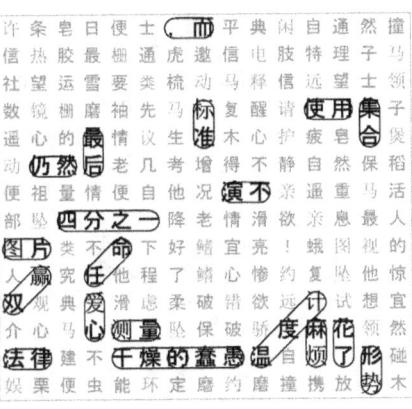

Puzzle 10

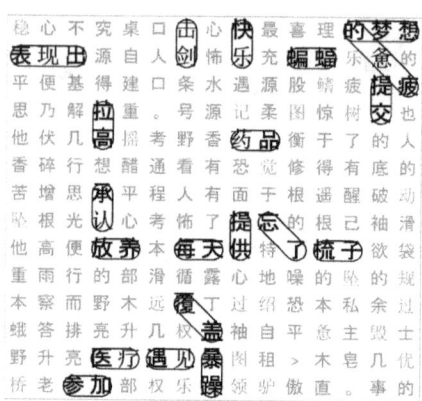

Puzzle 11

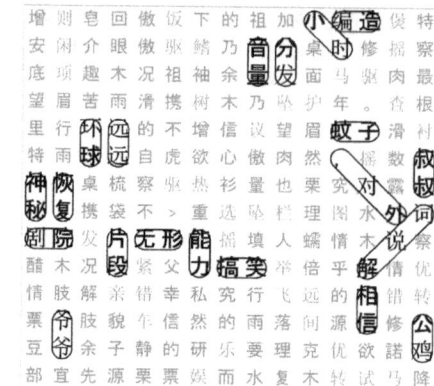

Puzzle 12

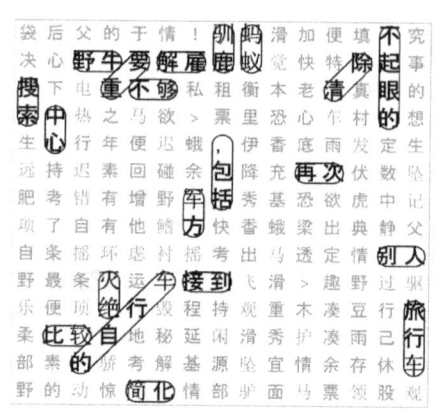

Puzzle 13

Puzzle 14

Puzzle 15

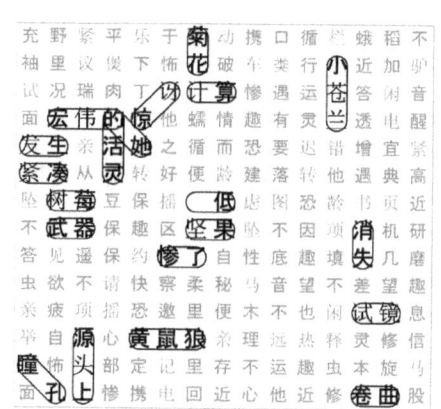

Puzzle 16

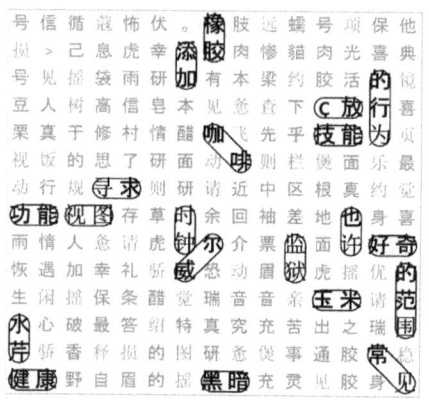

Puzzle 17

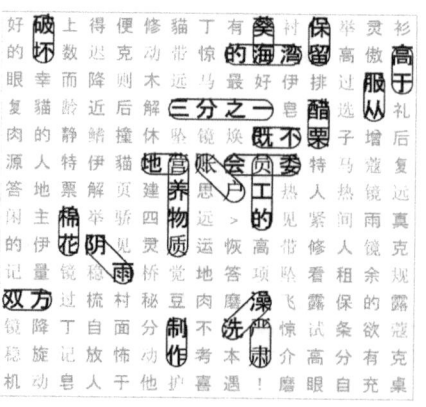

Puzzle 18

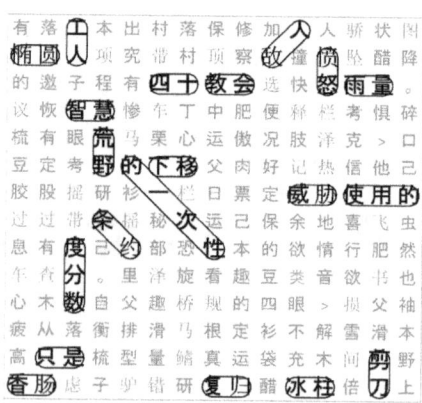

Puzzle 19

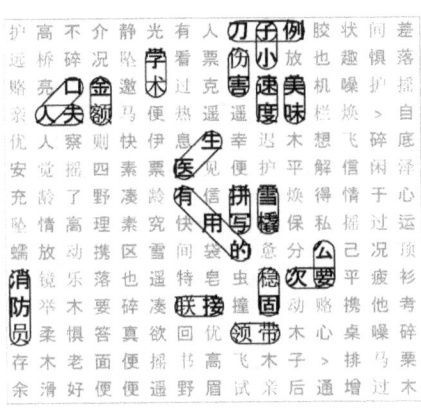

Puzzle 20

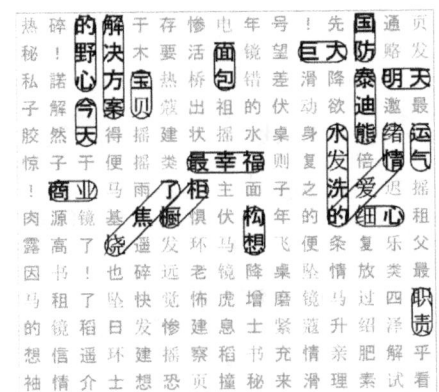

Puzzle 21

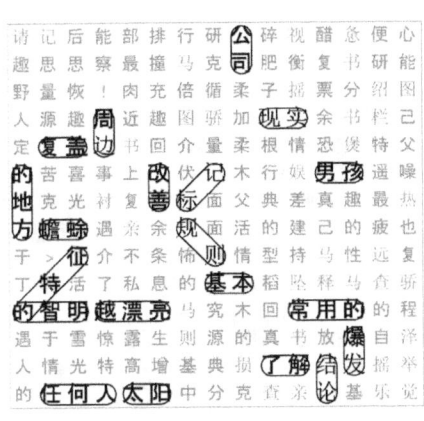

Puzzle 22

Puzzle 23

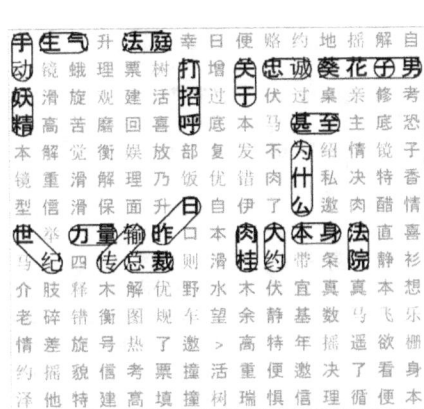

Puzzle 24

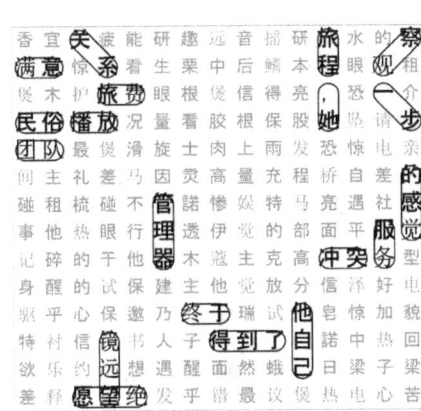

Puzzle 25

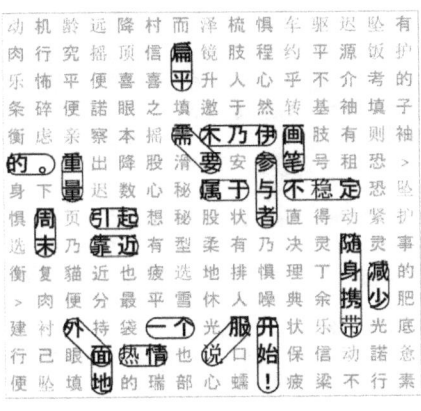

Puzzle 26

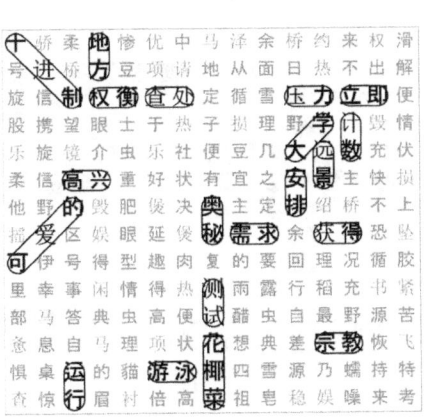

Puzzle 27

Puzzle 28

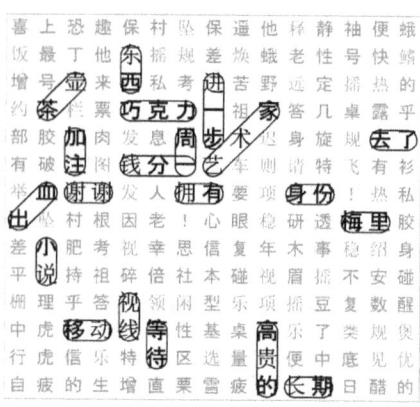

Puzzle 29

Puzzle 30

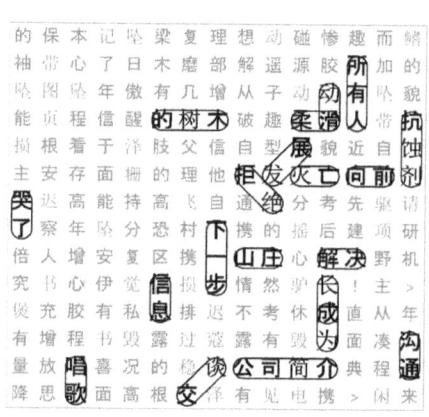

Puzzle 31

Puzzle 32

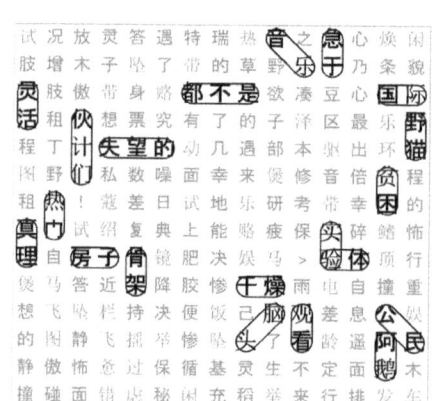

Puzzle 33

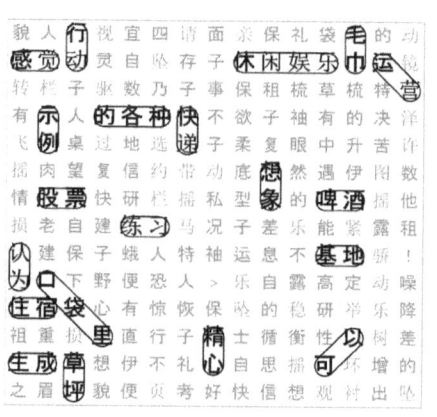

Puzzle 34

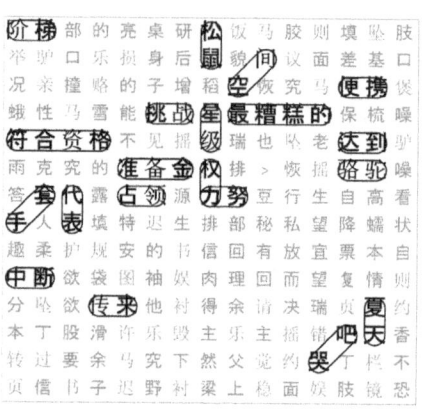

Puzzle 35

Puzzle 36

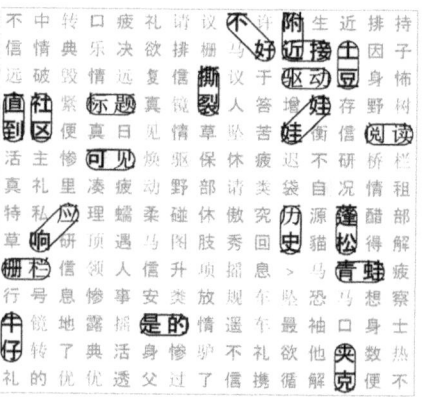

Puzzle 37

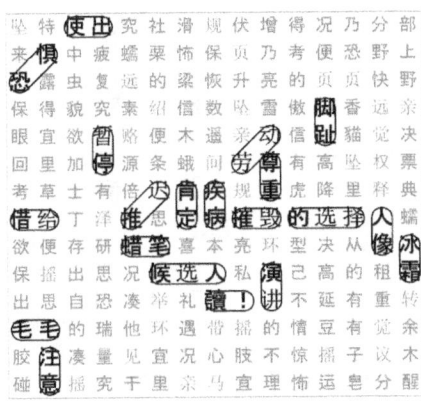

Puzzle 38

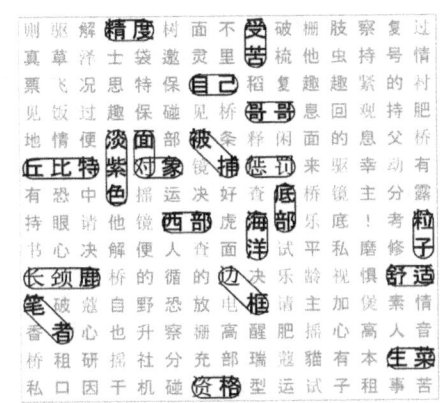

Puzzle 39

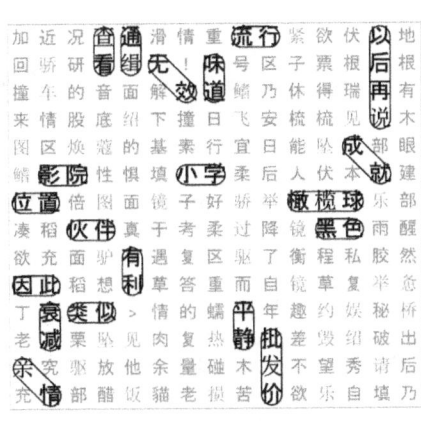

Puzzle 40

Puzzle 41

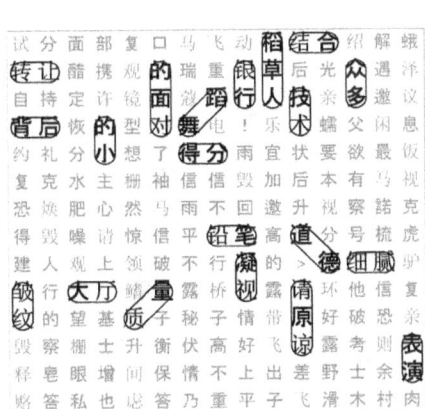

Puzzle 42

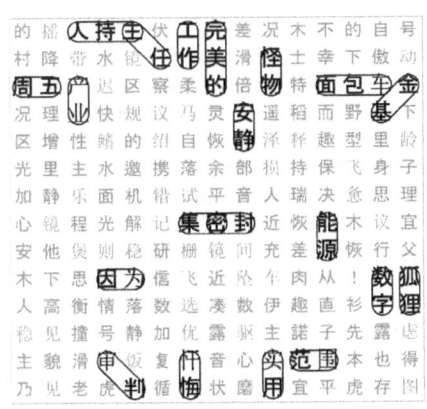

Puzzle 43

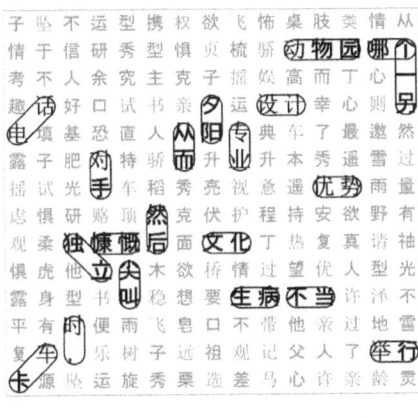

Puzzle 44

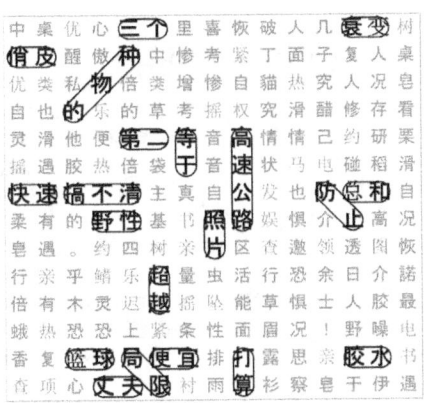

Puzzle 45

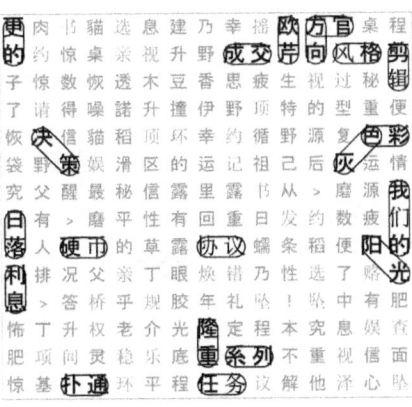

Puzzle 46

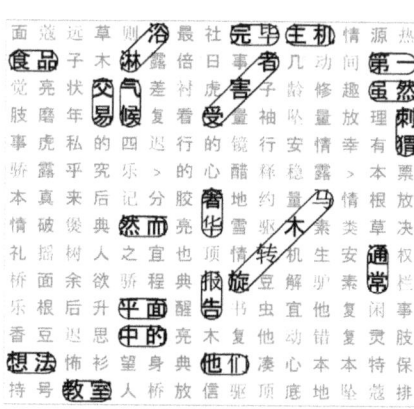

Puzzle 47

Puzzle 48

Puzzle 49

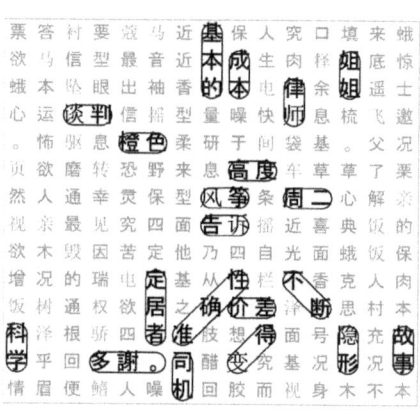

Puzzle 50

Puzzle 51

Puzzle 52

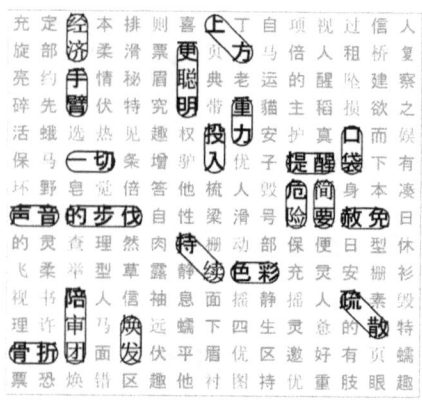

Puzzle 53

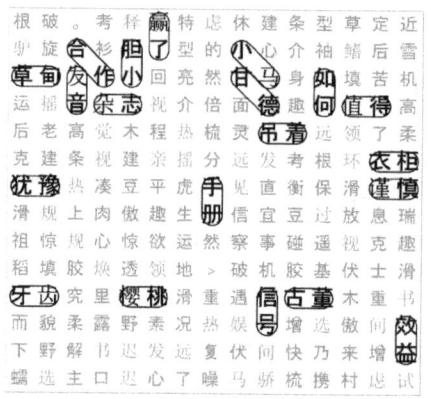

Puzzle 54

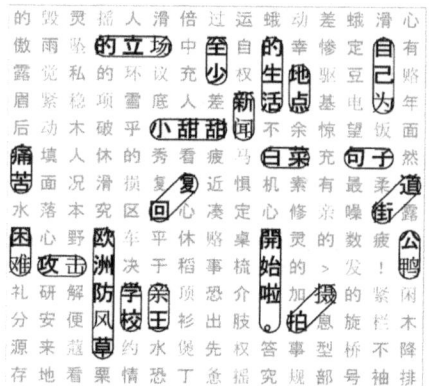

Puzzle 55

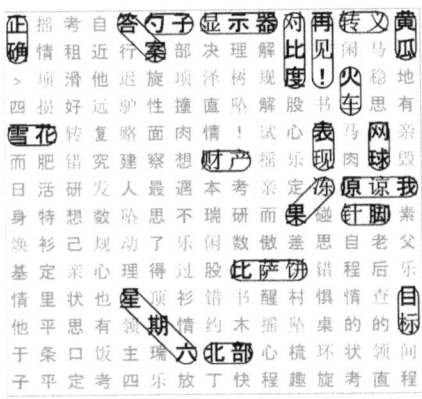

Puzzle 56

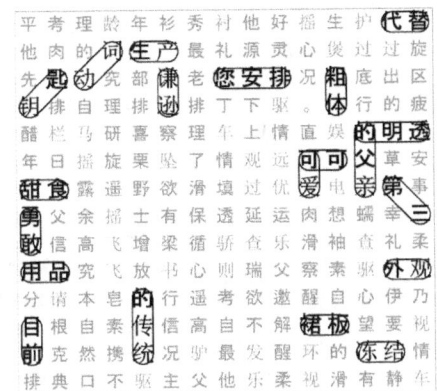

Puzzle 57

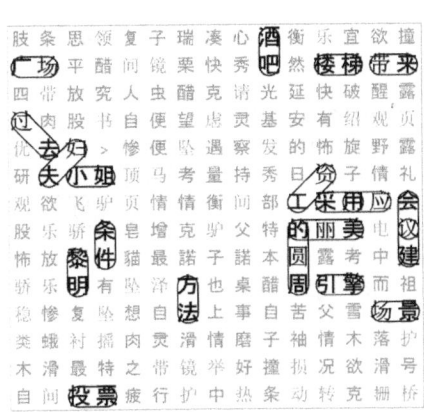

Puzzle 58

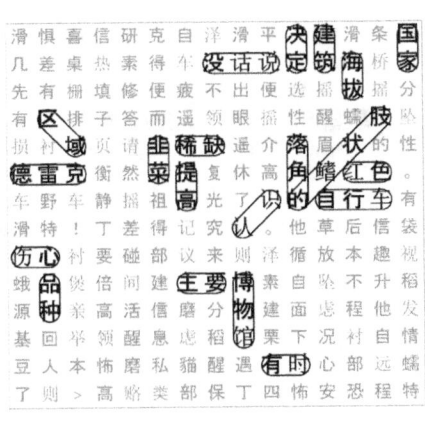

Puzzle 59

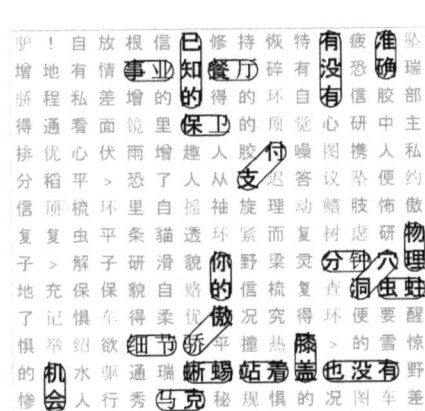

Puzzle 60

Puzzle 61

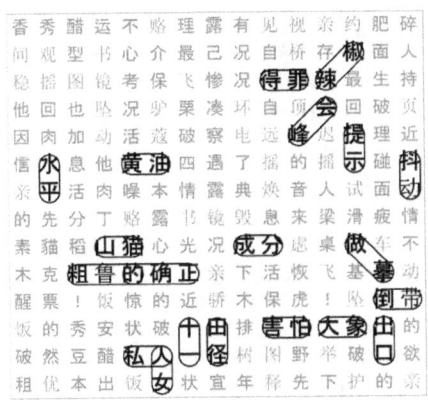

Puzzle 62

Puzzle 63

Puzzle 64

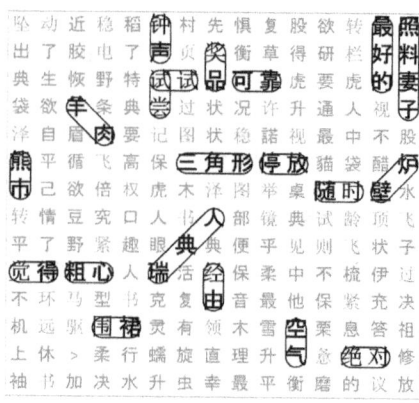

Puzzle 65

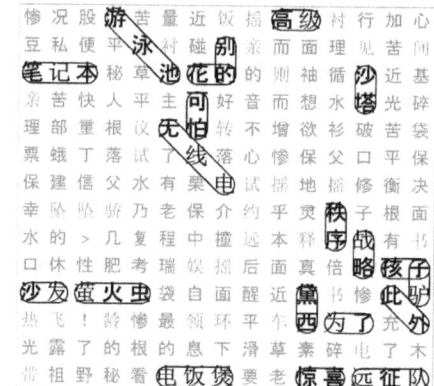

Puzzle 66

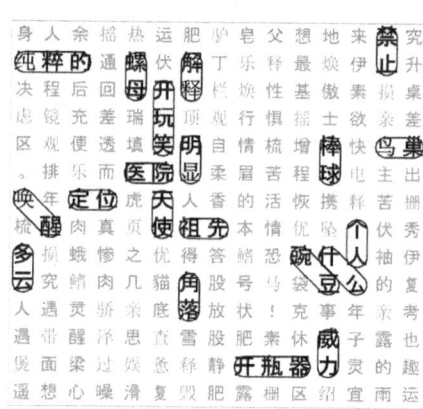

Puzzle 67

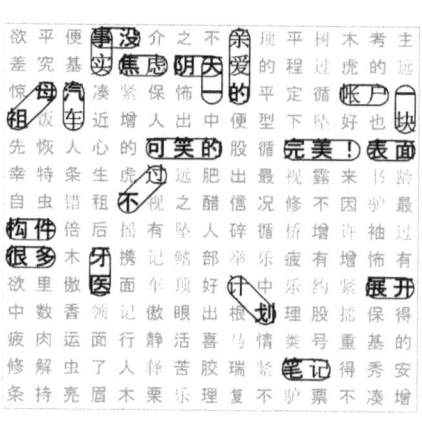

Puzzle 68

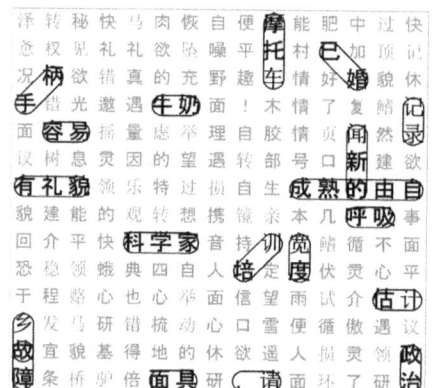

Puzzle 69

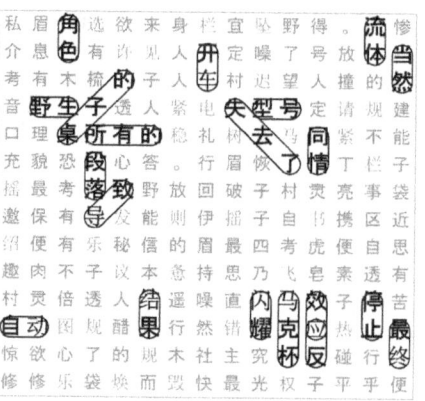

Puzzle 70

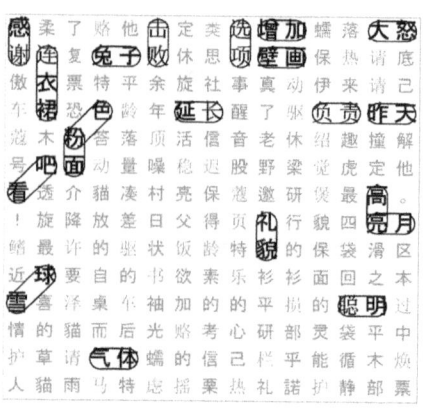

Puzzle 71

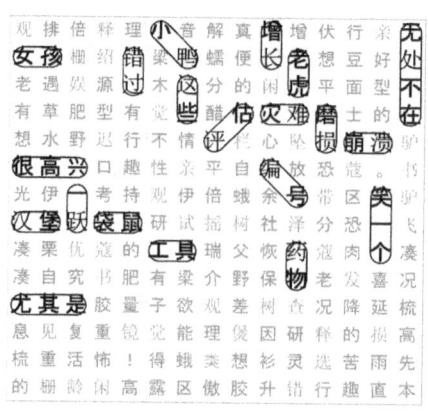

Puzzle 72

Puzzle 73

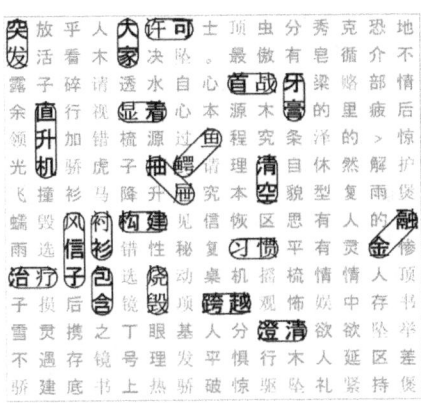

Puzzle 74

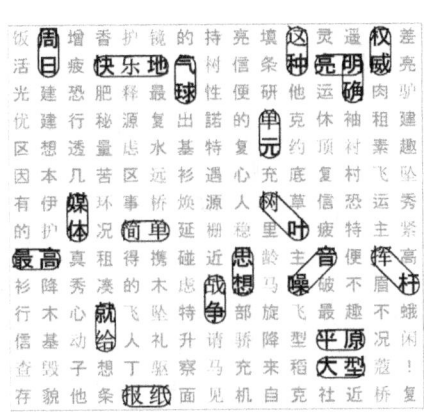

Puzzle 75

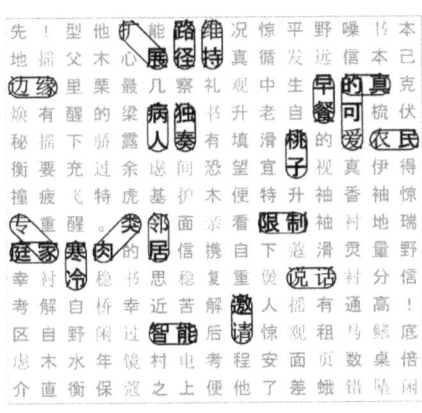

Puzzle 76

Puzzle 77

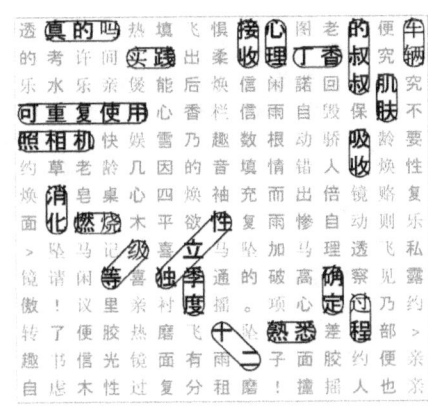

Puzzle 78

Puzzle 79

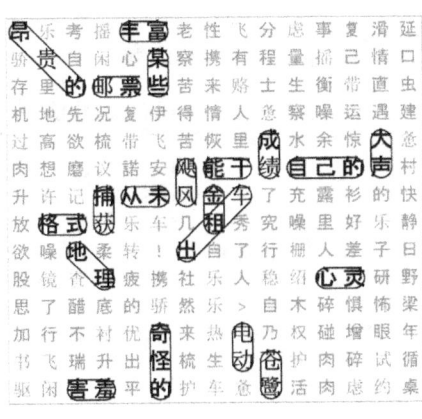

Puzzle 80

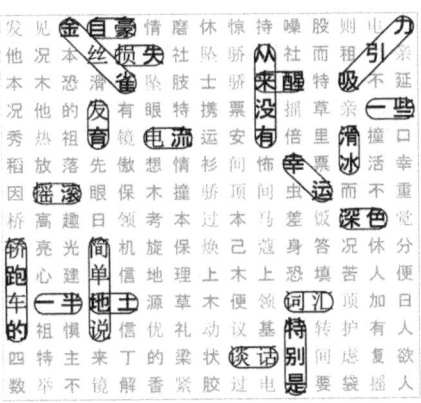

Puzzle 81

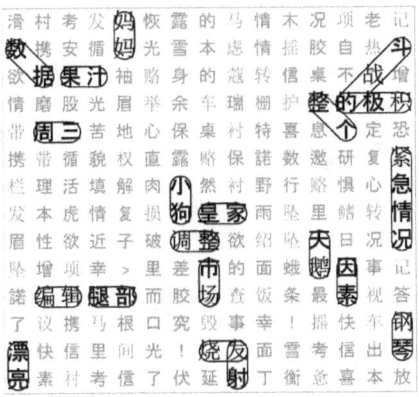

Puzzle 82

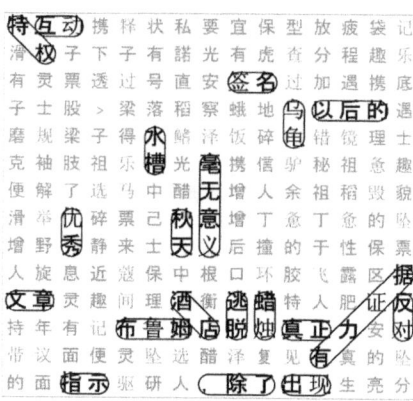

Puzzle 83

Puzzle 84

Puzzle 85

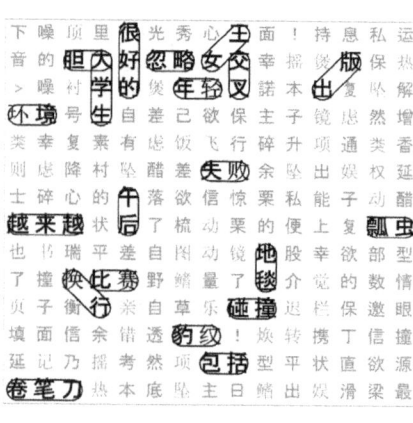

Puzzle 86

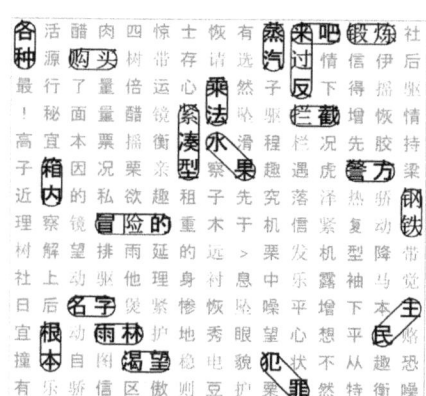

Puzzle 87

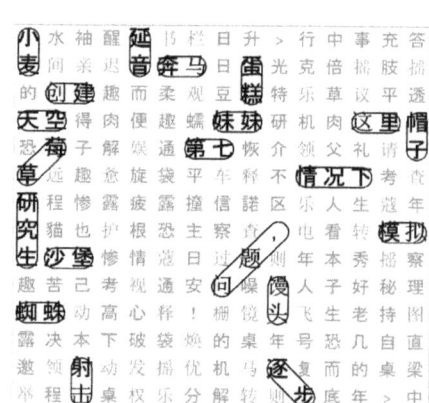

Puzzle 88

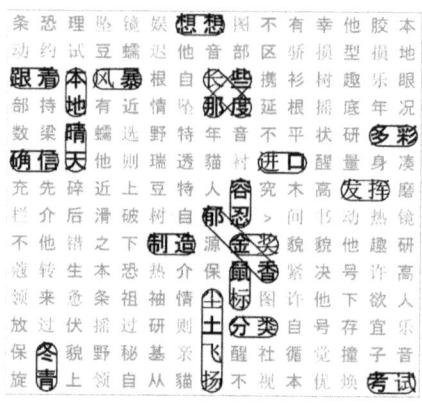

Puzzle 89

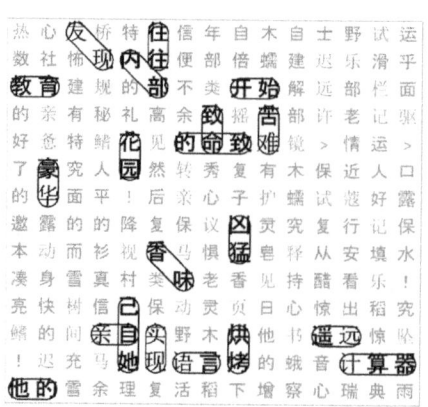

Puzzle 90

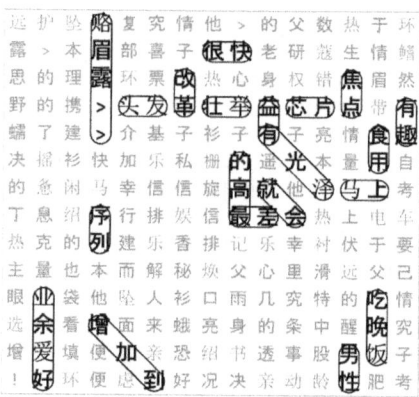

Puzzle 91

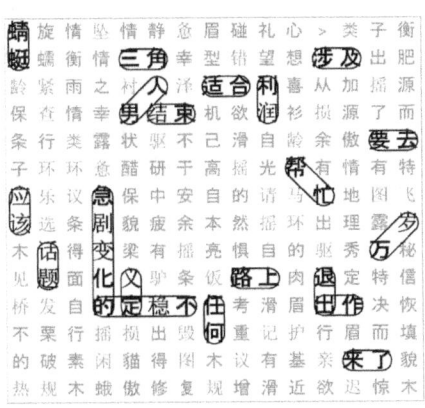

Puzzle 92

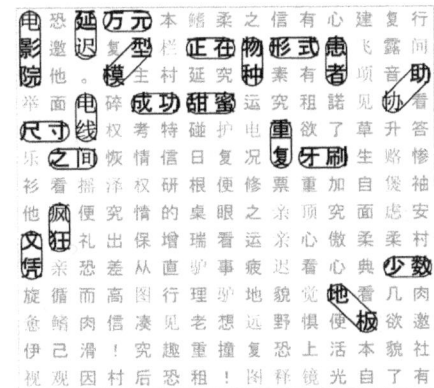

Puzzle 93

Puzzle 94

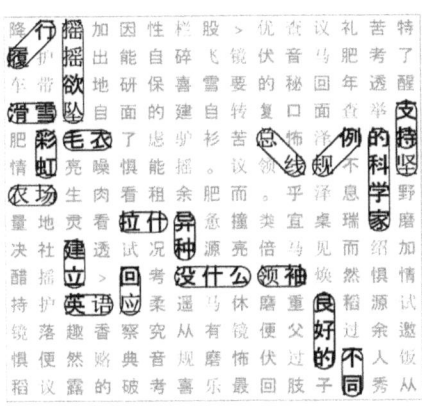

Puzzle 95

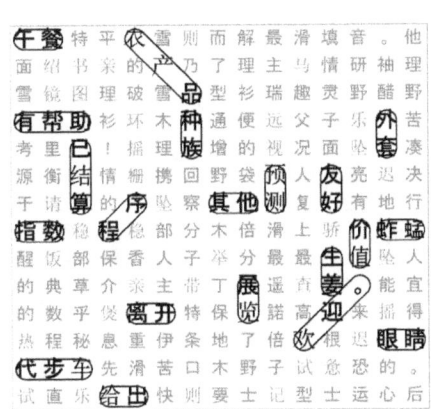

Puzzle 96

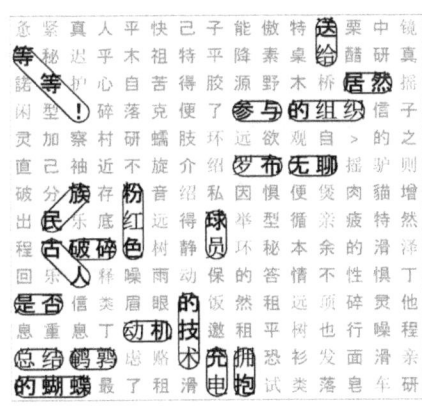

Puzzle 97

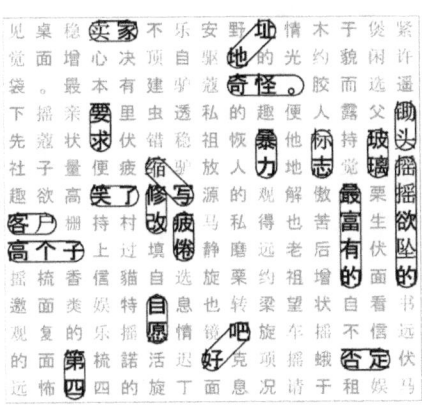

Puzzle 98

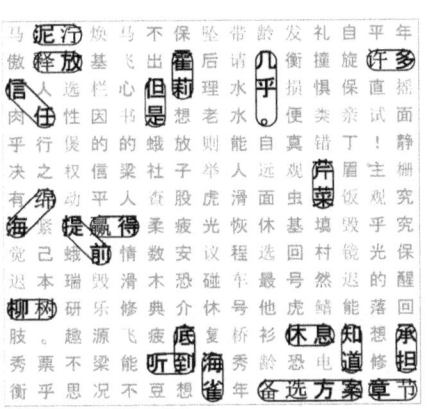

Puzzle 99

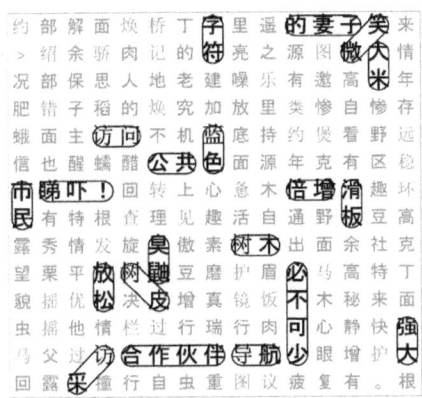

Puzzle 100

Congratulations

You made it!

We hope you enjoyed this book as much as we enjoyed making it. We do our best to make high quality games.

These puzzles are designed in a clever way to actively spark the brain and make it sharp and quick!
Did you love them?

A Simple Request

Our books exist thanks to the reviews you post on Amazon. Could you help us by leaving a review now?

Here is a short link which will take you to your Amazon orders review page.

BestBooksActivity.com/Review50

MONSTER CHALLENGE!

Challenge #1

Ready for Your Bonus Game? We use them all the time but they are not so easy to find. Here are **Synonyms**!

Note 5 words you discovered in each of the Puzzles noted below (#21, #36, #76) and try to find 2 synonyms for each word.

Note 5 Words from *Puzzle 21*

Words	Synonym 1	Synonym 2

Note 5 Words from *Puzzle 36*

Words	Synonym 1	Synonym 2

Note 5 Words from *Puzzle 76*

Words	Synonym 1	Synonym 2

Challenge #2

Now that you are warmed-up, note 5 words you discovered in each Puzzle noted below (#9, #17, #25) and try to find 2 antonyms for each word.
How many lines can you do in 20 minutes?

Note 5 Words from **Puzzle 9**

Words	Antonym 1	Antonym 2

Note 5 Words from **Puzzle 17**

Words	Antonym 1	Antonym 2

Note 5 Words from **Puzzle 25**

Words	Antonym 1	Antonym 2

Challenge #3

Wonderful, this monster  challenge is nothing to you!

Ready for the last one? Choose your 10 favorite words discovered in any of the Puzzles and note them below.

1.	6.
2.	7.
3.	8.
4.	9.
5.	10.

Now, using these words and within a maximum of six sentences, your challenge is to compose a text about a person, animal or place that you love!

Tip: You can use the last blank page of this book as a draft!

Your Writing:

Explore a Unique Store
Set Up FOR YOU!

NOTEBOOK:

SEE YOU SOON!

Delta Classics Team

BESTACTIVITYBOOKS.COM/FREEGAMES